Hunde-Ratgeber für Einsteiger: Tipps zur Anschaffung

Bonus-Kapitel: Urlaub mit Hund

Christine Adelkamp

Inhalt

Vorwort

Sie sind im Begriff, Ihr Leben zu ändern. Ja, Sie haben richtig gelesen. Glauben Sie mir, sofern Sie alle Voraussetzungen für den neuen vierbeinigen Mitbewohner mitbringen und die Hinweise in diesem Buch befolgen, wird das neue flauschige Familienmitglied Ihr Leben und das Ihrer Familie positiv verändern.

Menschen, die nie im Besitz eines Hundes waren und mit Hunden nichts am Hut haben, können die Liebe und Freundlichkeit eines Hundes nicht verstehen. Für viele Menschen sind Hunde leider nicht mehr als Tiere, die Bürgersteine verunreinigen, Kinder beißen und schlecht riechen. Dabei meinen es die Hunde doch so gut mit uns Menschen. So verbessern Hunde nachweislich die Lebensqualität der Menschen. Mehr noch, Hunde retten sogar Leben. Ob als Lawinenhund, Rettungsschwimmer oder als „Arzthelfer" mit dem richtigen Riecher für Krebsgeschwüre im Frühstadium. Hunde dienen dem Menschen täglich in vielerlei Hinsicht. Und sie tun das gerne. Und das schon seit Jahrhunderten. Wir Menschen sollten ihnen dafür dankbar sein und dem lieben Tier das

Leben so angenehm wie möglich gestalten. Dann werden auch wir davon profitieren.

Das vorliegende Buch vermittelt Ihnen in erster Linie das nötige Grundwissen, welches Sie benötigen, wenn Sie mit dem Gedanken spielen, sich einen Hund anzuschaffen. Denn die Anschaffung eines Hundes sollte aus vielerlei Gründen gut überlegt sein.

Man kauft einen Hund nicht mal ebenso im Vorbeigehen. Ein Hund ist ein Lebewesen und hat das Recht auf ein gesundes Leben und eine gute Erziehung. So schreibt das Gesetz beispielsweise vor, dass Hunde artgerecht gehalten werden müssen. Aber es gibt noch weitaus mehr zu bedenken, um zum Hundeglück zu gelangen. Denn die meisten Fehler werden nicht erst bei der Haltung oder der Erziehung begangen, sondern vor allem im Vorfeld der Überlegungen zur Anschaffung sowie bei der Anschaffung bzw. dem Kauf selbst.

Zahlreiche Menschen sind sich nicht im Klaren darüber, dass ein Hund Kosten verursacht, Schmutz ins Haus bringt, regelmäßige Betreuung bzw. Aufmerksamkeit und Auslauf benötigt. Es ist unglaublich, wie viele Hundebesitzer ich schon beim Gassi gehen getroffen habe, die Ihren Hund „gefunden" haben. Ihre Hunde wurden entweder angeleint an einen Baum vorgefunden, waren zugelaufen oder aus dem Tierheim geholt worden. Warum? Weil die Hundehalter keine Verantwortung mehr übernehmen wollten. Weil sie sich die Sache vorher nicht gut überlegt haben. Deshalb werde ich in diesem Buch nicht müde, an Sie, liebe Leser, zu appellieren, sich die Anschaffung eines Hundes gründlich zu überlegen. Ich tue das in Ihrem und im Interesse der Hunde.

Sollten Sie sich jedoch für einen Hund entscheiden, seien Sie wachsam bei der Suche nach dem geeigneten Vierbeiner!

Viele gutgläubige Hundefreunde fallen auf skrupellose Hundehalter herein. Sie bezahlen viel Geld und erhalten einen kranken Hund, der hohe Kosten und unendliches Leid verursacht (Leid auch für Sie). Die Ratschläge in diesem Ratgeber dienen dazu, sich vor diesen Händlern zu schützen. Gleichzeitig erhalten Sie wertvolle Tipps, wie Sie auf den richtigen Hund kommen.

Nach diesen Schwerpunkten erfahren Sie in den folgenden Kapiteln des Buches allgemeine Tipps und Hinweise zu den weiteren Vorbereitungen, die getroffen werden müssen, bevor der neue Mitbewohner bei Ihnen einzieht.

Wenn Sie dieses Buch sorgfältig durchgearbeitet haben, steht dem gemeinsamen Hundeglück nichts mehr im Wege. In diesem Buch lernen Sie u.a.

- ✓ welche Überlegungen Sie vor der Anschaffung eines Hundes anstellen sollten
- ✓ wo Sie den Hund finden, der zu Ihnen passt
- ✓ was Sie in Sachen „Erziehung" unternehmen sollten
- ✓ was Sie alles an Zubehör benötigen, bevor der kleine Welpe bei Ihnen ins Haus einzieht
- ✓ was ein Hund frisst und was nicht
- ✓ und viele weitere Tipps und Tricks.

Geben Sie sich selbst ein wenig Zeit, dieses Buch in Ruhe und Gründlichkeit durchzulesen. Sie werden sehen, dass es sich lohnen wird.

Dieses Buch ist aufgrund der besseren Lesbarkeit in der männlichen Schreibform verfasst. Ich bitte besonders die weiblichen Leserinnen um Verständnis.

Kapitel 1

Überlegungen vor der Anschaffung eines Hundes

Einen Hund kauft man nicht aus einer Laune heraus. Er ist kein Mitbringsel und erst recht kein Weihnachts- oder Geburtstagsgeschenk.

Hunde sind Lebewesen mit Bedürfnissen! Sie benötigen eine artgerechte Haltung. Dazu gehört beispielsweise ein Zuhause, Erziehung (nicht nur in der Hundeschule) eine Familie, Pflege, Zuneigung u.v.m. Ein Hund sollte wie ein gleichberechtigtes Familienmitglied gesehen werden. Bevor Sie sich einen Hund anschaffen, klären Sie, ob das Umfeld für ein weiteres Familienmitglied geeignet ist. Klären Sie folgende Fragen:

Lässt der Mietvertrag einen Hund zu? Sind die Wohnung bzw. das Haus geeignet und groß genug für einen Hund? Passt der Hund zu den übrigen Familienmitgliedern? Denken Sie in diesem Zusammenhang auch an die Hundeallergie, unter der manche Menschen leiden. Ein Hund bringt Schmutz und Haare in die Wohnung. Gelegentlich richtet ein Hund auch mal ein kleines Chaos an und bringt Unordnung ins Haus. Fragen Sie sich, ob Sie das alles in Kauf nehmen können. Seien Sie sich darüber im Klaren, dass ein Hund 10 bis 20 Jahre bei Ihnen lebt.

Bevor Sie sich einen Hund zulegen, studieren Sie die unterschiedlichen Rassenmerkmale und die Charakteristika von Hunden. Überlegen Sie, welcher Rassehund bzw. welche Art von Mischlingshund zu Ihnen und Ihrer Familie passt (bei Kindern z.B. eher ein besonders kinderfreundlicher Hund wie z.B. Golden Retriever, Labrador, etc.).

Denken Sie ebenfalls über die Größe nach. Bedenken Sie in diesem Zusammenhang auch, dass Hunde entsprechenden Auslauf benötigen (nach Rasse und Größe unterschiedlich). Ein Garten allein genügt nicht.

Im Prinzip ist es egal, ob Sie in einer Etagenwohnung wohnen oder in einem Haus mit Garten. Hunde benötigen Bewegung und müssen mehrmals täglich Gassi gehen!

Ein Hund ist kein Prestigeobjekt, sondern ein verlässlicher Freund und Partner, der sehr viel Liebe und Zuneigung benötigt. Überlegen Sie, ob Sie dafür über ausreichend Zeit verfügen. Hunde benötigen neben Bewegung (geistige) Beschäftigung (z.B.

Spiel, Sport in einer Hundeschule). Planen Sie mindestens 2,5 bis 3 Stunden täglich für Ihren Hund ein.

Ein Hund sollte möglichst nicht längere Zeit allein zu Hause gelassen werden. Kein Hund ist gerne allein. Am wohlsten fühlen sich Hunde, wenn Sie mit ihrem Rudel bzw. Ihren Familienmitgliedern zusammen aktiv sein können. Sollten Sie beispielsweise beruflich zu eingespannt sein und nur über sehr wenig Zeit verfügen, dann lassen Sie vom Hundekauf ab. Auch in Sachen Urlaubsplanung muss der Hund berücksichtigt werden. Im Idealfall kommt er mit (worüber er sich wohl am meisten freuen würde), oder Sie benötigen eine vernünftige Bleibe, wie z.B. eine Hundepension oder Ähnliches.

Denken Sie daran, dass sehr viele Hunde im Tierheim sehnsüchtig auf ein neues Zuhause warten. Vielleicht schauen Sie erst dort einmal vorbei. Wenn Sie sich für einen Rassehund beim Züchter entscheiden, gucken Sie nicht aufs Geld. Billige „Rassehunde" sind oft gar keine Rassehunde, sondern entstammen einer Wildzucht. So niedlich die kleinen Welpen von unseriösen Züchtern auch aussehen, viele von ihnen sind sehr krank und haben keine hohe Lebenserwartung. Was Sie an preiswerten Anschaffungskosten bezahlen, müssen

Sie später unter Umständen in mehrfacher Höhe in Tierarztkosten investieren (neben Zeitaufwand und Stress).

Darum: Geben Sie lieber mehr Geld für einen gesunden Rassehund aus! Erfahren Sie im folgenden Abschnitt, mit welchen Kosten Sie rechnen müssen, wenn Sie sich einen Hund anschaffen.

Kapitel 2

Die Kosten

Hunde kosten Geld. Bei der Anschaffung und in der Unterhaltung.

Bei der Anschaffung eines Hundes kommt es darauf an, was für einen Hund Sie sich anschaffen möchten. Favorisieren Sie einen Rassehund oder einen Mischlingshund? Rassehunde bei einem Züchter kosten ca. 1.000,00 bis 2.000,00 Euro. Ein Mischlingshund aus dem Tierheim, kostet dagegen nur 100,00 bis 250,00 Euro.

Bei den laufenden Kosten muss man etwa mit 1.500,00 bis 2.000,00 Euro im Jahr rechnen. Diese Ausgaben entstehen durch:

- ✓ Regelmäßige Arztkosten (Wurmkuren, Impfungen, Allgemeine Untersuchung)
- ✓ qualitativ hochwertiges Hundefutter (speisen Sie Ihren Hund nicht mit Essensresten ab. Ein Hund benötigt eine qualitativ gute und abwechslungsreiche Küche)
- ✓ Leckerlis (z.B. Schweineohren, Knochen, Kaustreifen, kleine Hundekuchen, etc.)

- ✓ Hundeschule / Welpenschule (Vergleichen Sie die Preise! Eine teure Hundeschule muss nicht die Beste sein.)
- ✓ Hundesteuer (in jeder Gemeinde unterschiedlich)
- ✓ Hundeversicherung / Hundehaftpflicht (ab ca. 40,00 Euro / Jahr)
- ✓ Hundezubehör / Ausstattung (Hundehalsband, Hundeleine, Hundehütte, Fress- und Trinknäpfe, Spielzeug, etc.)
- ✓ evtl. Kosten für einen Hundesalon ☐ Mittel gegen Flöhe und Ungeziefer

Sollte Ihr Hund Opfer eines Unfalls werden oder (schwer) erkranken, können die Tierarztkosten explosionsartig in die Höhe steigen. Bedenken Sie, dass diese Kosten dann zusätzlich anfallen. Operationen und aufwändige Untersuchungen können schnell mehrere tausend Euro kosten. Es gibt Hundekrankenversicherungen, bei denen Sie sich dagegen absichern können. Eine Hundekrankenversicherung erhöht jedoch die regelmäßigen Kosten immens.

Kapitel 3

Als Hundehalter sind Sie laut Tierschutzgesetz zunächst verpflichtet Ihren Hund artgerecht zu halten. Das ergibt sich aus § 11 des Tierschutzgesetzes.

Die kommunalen Gesetze und Verordnungen verpflichten Hundehalter, Hundesteuer zu zahlen. Nach spätestens drei Monaten ist ein Hund bei der zuständigen Steuerstelle meldepflichtig (mehr dazu im Kapitel 4).

Hunde sind grundsätzlich anzuleinen in der Nähe von: Kindergärten, Spielplätzen und Parkanlagen. Beachten Sie die Schilder vor öffentlichen Gebäuden, Einrichtungen und Plätzen (z.B. Badeseen). Die meisten Wälder sind keine Auslaufgebiete für Hunde. Somit besteht auch hier Leinenzwang.

Die allgemeine Pflicht zum Maulkorb oder zur Hundeleine entnehmen Sie den jeweiligen Ländergesetzen und – Verordnungen.

Die Kampfhund-Debatte der letzten Jahre hat zu einer hundefeindlichen Stimmung in der

Gesellschaft geführt. Hundehalter sollten dieser Stimmung entgegenwirken. Besonders deshalb empfiehlt sich:

Hundekot ist grundsätzlich von der Straße zu entfernen

✓ Lassen Sie Ihren Hund nicht gegen Häuserwände und Autos urinieren.

✓ Nehmen Sie Rücksicht auf Jogger, Radfahrer, Kinder und ängstliche Menschen. Rufen Sie Ihren Hund zu sich, und leinen Sie ihn an.

Kapitel 4

Hundesteuer und Hundeversicherung (Hundehaftpflicht)

Die Hundesteuer und die Hundeversicherung bzw. Hundehaftpflicht sind, wie wir bereits erfahren haben, Kostenfaktoren, mit denen Hundehalter rechnen müssen. Die Hundesteuer ist Pflicht und sehr umstritten, da keiner so genau weiß wozu sie eigentlich da ist. Die Hundeversicherung (Hundehaftpflicht) hingegen ist freiwillig. Hundehalter sollten jedoch nicht auf eine Hundeversicherung verzichten, da eine Hundehaftpflicht sämtliche Schäden bezahlt, die ein Hund im Falle eines Schadenfalles anrichtet. Und wie bei uns Menschen passiert auch Hunden schnell mal ein Missgeschick. Und das kann dann sehr teuer werden.

Hundesteuer

Bei der Hundsteuer wird die Haltung von Hunden besteuert. Steuerpflichtig ist der Hundehalter. In Deutschland existiert keine einheitlich geregelte Hundesteuer. Die Höhe der Hundesteuer ist damit von Gemeinde zu Gemeinde unterschiedlich.

Die jährlichen Kosten variieren etwa zwischen 50 bis 250 Euro pro Jahr für einen einzelnen Hund. Die Steuer ist nach der Anzahl der gehaltenen Hunde gestaffelt. Jeder weitere Hund kostet zusätzlich Hundesteuer (die Beträge für weitere Hunde sind i.d.R. höher als für den ersten Hund).

Hunde müssen nach der 12. Lebenswoche bei der zuständigen Steuerbehörde angemeldet werden. Zur Anmeldung muss ein Personalausweis vorgelegt werden sowie Angaben über den Hund (z.B. Alter, Wurftag, Rasse, Geschlecht, Zeitpunkt, Ort und Anschaffungszeitpunkt).

Nach Anmeldung des Hundes bei einer kommunalen Steuerbehörde bekommt der Hundehalter einen Hundesteuerbescheid. In dem Steuerbescheid sind sämtliche Daten des Hundes festgehalten wie z.B. Rasse, Größe, Geschlecht etc. Nach Anmeldung erhält der Hundehalter eine

Steuermarke, die der Hund am Halsband tragen muss. Befreit von der Steuer sind Blindenhunde, Rettungshunde und Diensthunde (z.B. in forstwirtschaftlichen Betrieben). Auch bei Wachhunden kann es unter bestimmten Voraussetzungen eine Steuerbefreiung bzw. Ermäßigung geben. Personen, die über wenig Einkommen verfügen, können ebenfalls von der Steuer befreit bzw. teilweise entlastet werden.

Sollten Hunde nicht angemeldet werden und später einmal damit auffallen, kann die Behörde einen rückwirkenden Steuerbescheid erstellen. Auch Strafen sind im Rahmen der Hundesteuerordnung möglich.

Die Rechtsgrundlagen für die Besteuerung von Hunde sind die landesgesetzlichen Hundesteuer-Gesetze bzw.

Kommunalabgabengesetze, die die Gemeinden zur Steuererhebung verpflichten oder zum Erlass entsprechender Steuersatzungen berechtigen. Die ordnungspolitischen Ziele der Steuer sollen dazu beitragen, die Anzahl der Hunde zu begrenzen.

Hundeversicherung (Hundehaftpflicht)

Eine Hundeversicherung oder so genannte Hundehaftpflicht ist jedem Hundebesitzer anzuraten. Denn Hunde können großen Schaden anrichten. Wie bei uns Menschen unterlaufen auch Hunden schnell Fehler und Missgeschicke. Egal wie gut ein Hund erzogen ist. Ob das Hündchen das Sofa von Freunden zerfetzt oder einen Auffahrunfall verursacht, die Kosten trägt in jedem Fall der Hundehalter. Und diese Kosten können unter unglücklichen Umständen sehr hoch ausfallen.

Dann ist es hilfreich, wenn eine Hundeversicherung bzw. Hundehaftpflicht für den Schaden aufkommt und das Geld nicht aus der eigenen Tasche bezahlt werden muss.

Die jährlichen Kosten für eine Hundehaftpflicht belaufen sich zwischen 40 bis 150 Euro. Eine günstige Hundeversicherung findet man auf dieser Seite oder in einer Internetsuchmaschine unter Eingabe der Begriffe „Hundeversicherung Vergleich" oder „günstige Hundeversicherung".

Nach den neuen Hundegesetzen in vielen Bundesländern ist es für bestimmte Rassen (z.B. Kampfhund) Pflicht, eine Hundehaftpflicht abzuschließen. Informationen hierüber erteilt die jeweilige kommunale Stelle. Eine Hundeversicherung für Kampfhunde kostet i.d.R. mehr als eine normale Hundehaftpflicht. Fast alle Versicherungsunternehmen und Versicherungsmakler bieten verschiedene Varianten der Hundehaftpflicht an.

Kapitel 5

Die Anschaffung eines Hundes

Vorsicht beim Kauf von Hundewelpen

Hundewelpen-Rassehunde sind eine Ware, mit der viele unseriöse Händler und Züchter auf dem Tiermarkt viel Geld verdienen. Dieser kommerzielle Verkauf von Hundewelpen hat nichts mit Hundezucht zu tun. Er ist Tierquälerei und verstößt gegen das Tierschutzgesetz. Dieses eBook möchte vor dem Hundekauf bei Händlern warnen und aufzeigen, welches Leid der Hundekauf bzw. Verkauf von Hundewelpen nach sich ziehen kann.

Schmutzige Geschäfte auf dem Tiermarkt. Der Hundeverkauf von Hundewelpen

So manch ein Hundeverkauf kann einem schon die Zornesröte ins Gesicht treiben, wenn man hört, wie so genannte „Hundezüchter" auf dem Tiermarkt vorgehen. Da werden Hundewelpen über das Zoofachgeschäft verhökert und wochenlang in einem Glaskasten festgehalten. Andere Händler bieten Ihre „Rassehunde" auf Wochenmärkten zu

Schnäppchenpreisen an. Andere verkaufen Hundewelpen in der Kaufhauszooabteilung oder per Versandhandel über das Internet im Onlineshop. Viele Händler bieten den Hundeverkauf mit blumigen Beschreibungen im Internet an.

Der Website-Besucher sieht niedliche Hundewelpen auf einer perfekt und seriös gestalteten Hundezüchter-Homepage, die den Eindruck eines guten Hundezüchters vermittelt. Oftmals stehen dann hinter diesen Internet-Angeboten brutale „Hundefabriken", die Hundewelpen in Massenproduktion werfen lassen. 100 Hundewelpen in wenigen Wochen sind da keine Seltenheit. Diese gewissenlosen Menschen kaufen i.d.R. wenige Ahnentiere und lassen in steter Inzucht Paarungen produzieren. Das geht dann solange, bis die nächsten Generationen Missbildungen und extreme gesundheitliche Defekte aufweisen. Die erschöpften Hündinnen werden als reine Wurfmaschinen genutzt um maximales Kapital zu erbeuten. Die

Hundewelpen und ihre Eltern werden unter katastrophalen hygienischen Verhältnissen gehalten. Die Hundewelpen werden wegen des Hundeverkaufs viel zu früh von ihren Eltern und Geschwistern getrennt.

Die Tatsache, dass es auch Bindungen von seriösen Hundezüchtern zu Händlern gibt, macht die Sache für den ahnungslosen Hundekäufer nicht einfacher. So geben einige Züchter Hundewelpen aus „schwachen Würfen" an Händler zum Hundeverkauf ab.

Oder andersherum soll es Hundezüchter geben, die ihre Würfe mit Hundewelpen von Händlern aufstocken. Vielen Berichten ist zu entnehmen, dass organisierte Händler-Banden in Tschechien und Polen Hundewelpen wie am Fließband produzieren, um sie auf dem deutschen Tiermarkt an ahnungslose Familien zu verkaufen.

So süß die kleinen Hundewelpen auch sein mögen: Widerstehen Sie!

Diese Hunde sind keine Rassehunde. Es handelt sich hierbei um kranke Hundewelpen, die nicht reinrassig sind, sondern einer Wildzucht entstammen. Mit einem Hundekauf unterstützen Sie diese organisierte Kriminalität und das Leiden weiterer Hundewelpen-Generationen. Bitte lesen Sie die folgende Geschichte von Welpe Lea, um nachvollziehen zu können, welches unermessliche Leid diesen Hundewelpen und den betrogenen Besitzern angetan wird:

Hundehandel aus Sicht eines Hundewelpen.

Leas Geschichte:

"Ich weiß nicht mehr viel von dem Ort, wo ich geboren wurde. Es war eng und dunkel und nie spielte ein Mensch mit uns. Ich erinnere mich noch an Mama und ihr weiches Fell, aber sie war oft krank und sehr dünn. Sie hatte nur wenig Milch für mich und meine Brüder und Schwestern. Die meisten von ihnen waren plötzlich gestorben. Als sie mich von meiner Mutter wegnahmen, hatte ich furchtbare Angst und war so traurig.

Meine Milchzähne waren kaum durchgestoßen und ich hätte meine Mama doch noch so sehr gebraucht. Arme Mama, es ging ihr so schlecht. Die Menschen sagten, dass sie jetzt endlich Geld wollten durch Hundeverkauf und dass das Geschrei meiner Schwester und mir ihnen auf die Nerven gingen. So wurden wir eines Tages in eine Kiste verladen und fortgebracht. Wir kuschelten uns aneinander und fühlten, wie wir beide zitterten, ohnmächtig vor Angst.

Niemand kam, um uns zu trösten. All diese seltsamen Geräusche und erst noch die Gerüche - wir sind in einem „Petshop", einem Laden, wo es viele verschiedene Tiere gibt. Einige miauen, andere piepsen, einige pfeifen. Wir hören auch das Wimmern von andern Hundewelpen.

Meine Schwester und ich drücken uns eng zusammen in dem kleinen Käfig. Manchmal kommen Menschen uns anschauen, oft ganz kleine Menschen, die sehr fröhlich aussehen, als wollten sie mit uns spielen. Tag um Tag verbringen wir in unserem kleinen Käfig. Manchmal packt uns jemand und hebt uns hoch, um uns zu begutachten.

Einige sind freundlich und streicheln uns, andere sind grob und tun uns weh. Oft hören wir sagen „oh, sind die süß, ich will eines", aber dann gehen die Leute wieder fort. Letzte Nacht ist meine Schwester gestorben. Ich habe meinen Kopf an ihr weiches Fell gelegt und gespürt, wie das Leben aus dem dünnen Körperchen gewichen ist. Als sie sie am Morgen aus dem Käfig nehmen, sagen sie, sie sei krank gewesen und ich sollte verbilligt abgegeben werden, damit ich bald wegkomme.

Niemand beachtet mein leises Weinen, als mein kleines Schwesterchen weggeworfen wird. Heute ist eine Familie gekommen und hat mich gekauft! Jetzt wird alles gut! Es sind sehr nette Leute, die sich tatsächlich für MICH entschieden haben. Sie haben gutes Futter und einen schönen Napf dabei und das kleine Mädchen trägt mich ganz zärtlich auf den Armen. Ihr Vater und Mutter sagen, ich sei ein ganz süßes und braves Hundchen. Ich heiße jetzt Lea. Ich darf meine neue Familie sogar abschlabbern, das ist wunderbar.

Sie lehren mich freundlich, was ich tun darf und was nicht, passen gut auf mich auf, geben mir herrliches Essen und viel, viel Liebe. Nichts will ich mehr, als diesen wunderbaren Menschen gefallen, und nichts ist schöner, als mit dem kleinen Mädchen herumzutollen und zu spielen. Erster Besuch beim Tierarzt. Es war ein seltsamer Ort, mir schauderte. Ich bekam einige Spritzen.

Meine beste Freundin, das kleine Mädchen, hielt mich sanft und sagte, es wäre ok, dann entspannte ich mich. Der Tierarzt schien meinen geliebten Menschen traurige Worte zu sagen, sie sahen ganz bestürzt aus. Ich hörte etwas von schweren Mängeln und von Dysplasie E und von Herz zwei. Er sprach von wilden Züchtern und dass meine Eltern nie gesundheitlich getestet worden seien. Ich habe nichts von alledem begriffen aber es war furchtbar, meine Familie so traurig zu sehen.

Jetzt bin ich sechs Monate alt. Meine gleichaltrigen Hundewelpen-Artgenossen sind wild und stark, aber mir tut jede Bewegung schrecklich weh. Die Schmerzen gehen nie weg. Außerdem kriege ich gleich Atemnot, wenn ich nur ein wenig mit dem kleinen Mädchen spielen will. Ich möchte so gerne ein kräftiger Hund sein, aber ich schaffe es einfach nicht. Vater und Mutter sprechen über mich. Es bricht mir das Herz, alle so traurig zu sehen. Sie tragen mich ins Auto. Alle weinen.

Sie sind so seltsam, was ist los? War ich böse? Sind sie am Ende böse auf mich? Nein, nein, sie liebkosen mich ja so zärtlich. Ach wenn nur diese Schmerzen aufhörten! Ich kann nicht mal die Tränen vom Gesicht des kleinen Mädchens ablecken, aber wenigstens erreiche ich seine Hand. Der Tisch beim Tierarzt ist kalt. Ich habe Angst. Die Menschen weinen in mein Fell, ich fühle, wie sehr sie mich lieben.

Mit Mühe schaffe ich es, ihre Hand zu lecken. Der Tierarzt nimmt sich heute viel Zeit und ist sehr freundlich, und ich empfinde etwas weniger Schmerzen. Das kleine Mädchen hält mich ganz sanft, ein kleiner Stich... Gott sei Dank, der Schmerz geht zurück. Ich fühle tiefen Frieden und Dankbarkeit.

Ein Traum: ich sehe meine Mama, meine Brüder und Schwestern auf einer großen grünen Wiese. Sie rufen mir zu, dass es dort keine Schmerzen gibt, nur Friede und Glück. So sage ich meiner Menschenfamilie Auf Wiedersehen auf die einzige mir mögliche Weise: mit einem sanften Wedeln und einem kleinen Schnuffeln. Viele glückliche Jahre wollte ich mit Euch verbringen, es hat nicht sein sollen. Stattdessen habe ich Euch so viel Kummer gemacht. Es tut mir leid, ich war halt nur eine Händlerware vom Tiermarkt. In ewiger Treue Eure Lea."

Veröffentlichung mit freundlicher Erlaubnis, 1999 J. Ellis - bewilligte Übersetzung von E. Wittwer

Kranke Hundewelpen statt gesunde Rassehunde

Bei Hundewelpen aus einer Wildzucht werden i.d.R folgende Auffälligkeiten festgestellt:

- ✓ Fehlende Sozialisation

- ✓ Unfähigkeit der Bindung an den Menschen (Scheuheit)

- ✓ Genetische Defekte und Infektionen, die häufig schon in den ersten Lebensmonaten zum Tod führen

- ✓ Gelenk-, Knie- und Hüftprobleme (z.B. HD = Hüftdysplasie)

- ✓ Irreparable Skelettschäden

- ✓ Nichtimpfung führt häufig zu Spülwürmern. Daraus resultiert nicht selten ein Darmverschluss, der tödlich enden kann.

- ✓ Viele Erbkrankheiten treten erst nach mehreren Jahren auf.

Die meisten Hundewelpen, die auf dem Schnäppchen-Tiermarkt zum Hundeverkauf feilgeboten werden, sterben bereits mit jungen Jahren an den Folgen Ihrer Zucht.

Ich appelliere an Sie, liebe Leser: Tätigen Sie keinen Hundekauf aus Mitleid. Sparen Sie nicht beim Hundekauf von Hundewelpen und investieren Sie in gesunde Hundewelpen. Wenn Sie beim Kauf von Hundewelpen auf dem Tiermarkt Verstöße gegen das Tierschutzgesetz feststellen (z.B. illegalen Hundeverkauf), dann melden Sie das beim Tierschutz.

Wie Sie sich gegen Hundehändler schützen können

Wer sich für den Hundekauf bzw. die Hundehaltung eines Rassehundes bei einem Hundezüchter entschieden hat, sollte sich vorher gut über die Vor- und Nachteile informieren. Erfahren Sie, wie ein hundgerechter Hundezwinger bei einem seriösen Hundezüchter aussehen muss und wie Sie es vermeiden, beim Hundekauf abgezockt zu werden.

Mit den folgenden Beiträgen möchte ich interessierten Hundefreunden dabei helfen, einen seriösen Hundezüchter zu finden, der tierschutzgerechte Hundehaltung praktiziert indem er z.B. Hunde in einem artgerechten Hundezwinger hält, statt in unwürdigen und unhygienischen Ställen, um sie anschließend gewinnbringend zu verkaufen. Erfahren Sie, wie sich seriöse Hundezüchter von skrupellosen Geschäftemachern unterscheiden.

Seriöse Hundezüchter von skrupellosen Geschäftemachern unterscheiden

Hundezüchter sind nicht gleich Hundezüchter. Wie in allen Bereichen und Branchen gibt es auch hier qualitative Unterschiede. Das größte Problem vor einem Hundekauf bei einem Hundezüchter ist es jedoch, seriöse Züchter von brutalen und skrupellosen Geschäftemachern zu unterscheiden. Wenn Sie sich also mit dem Gedanken der Hundehaltung und des Hundekaufs tragen, benötigen Sie sehr viel Geduld und ein wenig Detektivsinn.

Denn Sie dürfen auf keinen Fall dort einen so genannten "Rassehund" kaufen, wo es ausschließlich darum geht, Geld mit Hunden zu verdienen. Seriösen Züchtern geht es nicht in erster Linie um das Geld. Sie suchen das passende Zuhause für ihre Hundewelpen. Seriöse Hundezüchter verdienen nicht sehr viel. Das Geld reicht gerade aus, den Aufwand der Aufzucht zu decken. Denken Sie immer daran: Ein seriöser Hundezüchter sucht keine Käufer für seine "Produktion", sondern liebe Hundeeltern für seine Welpen. Tun Sie sich und den

Hunden einen Gefallen und beachten Sie die folgenden Tipps zum Hundekauf beim Hundezüchter.

Was Sie bei der Suche nach einem Hundezüchter beachten sollten:

✓ Die Hundezwinger-Anlage ist verschmutzt und unhygienisch. Überall liegen Kot- und Urinreste herum. Hier können Sie umgehend kehrtmachen. Das hat nichts mit artgerechter Hundehaltung und Seriosität zu tun. Ein Hundezwinger muss gepflegt und hygienisch einwandfrei sein.

✓ Wenn der Hundezwinger zwar sauber, aber die Hundezwinger Anlage insgesamt eher einem Gefängnis aus Gittern und Käfigen ähnelt, dann lassen Sie die Finger von diesem Hundezüchter. Hier wird Hundehaltung offensichtlich von einem Strategen, aber nicht von einem Hundefreund betrieben.

✓ Die Welpen/Hunde zeigen kein Interesse am Züchter und wenden sich lieber anderen Dingen zu. Hieraus können Sie schließen, dass der Hundezüchter möglicherweise zu wenig Zeit für seine Hunde investiert.

✓ Man zeigt Ihnen nicht den vollständigen Lebensbereich der Welpen, sondern nur einen Bereich wie z.B. den Hundezwinger. Auch hier gilt: Abstand halten.

✓ Fragen Sie den Züchter Löcher in den Bauch. Seriöse Züchter beraten Interessenten zu allen Fragen der Hundehaltung und der Hunderasse. Lassen Sie sich umfassend Auskunft geben über die Fressgewohnheiten, Krankheiten, Impfungen, etc.

✓ Ein seriöser Züchter verkauft seine Hunde nicht über Zoofachgeschäfte, Wochenmärkte oder gar per Versandhandel.

✓ Überprüfen Sie die Zugehörigkeit des Züchters zu einem angegliederten Rassezuchtverein, der im Idealfall dem Dachverband für das deutsche Hundewesen (VDH) bzw. der Organisation der Fédération Cynologique Internationale (FCI) angegliedert sein sollte.

✓ Misstrauen Sie Inseraten in Tageszeitungen. Gute Züchter verfügen über zahlreiche Kontakte und haben es nicht nötig, Anzeigen zu schalten

- ✓ Vorsicht, wenn ein Hundezüchter mehr als eine Rasse anbietet. Züchter, die mehrere Rassen gleichzeitig züchten, sind kommerzielle Hundevermehrer und keine liebevollen Hundezüchter.

- ✓ Achten Sie darauf, dass die Welpen mehrmals grundgeimpft, entwurmt, tätowiert oder mit einem Chip versehen sind. Lassen Sie sich die dazugehörigen Bescheinigungen, wie Impfpass und Gesundheitszeugnis, zeigen.

- ✓ Achten Sie auf das Abgabealter der Welpen. Ein guter Züchter gibt seine Welpen nicht vor der achten Lebenswoche ab.

- ✓ Treffen Sie keine Hundekauf-Entscheidung am Telefon. Ein Züchter, der so etwas macht, ist kein seriöser Züchter.

- ✓ Beobachten Sie, ob es eine enge Bindung zwischen den Tieren und dem Hundezüchter gibt. Manchmal sagt das mehr über die Hundehaltung aus, als so manches technische Detail.

- ✓ Ein seriöser Züchter hat nichts dagegen, wenn Sie mehrmals vorbeikommen, nach den Welpen schauen, deren Eltern sehen und den sonstigen Lebensraum der Hunde inspizieren möchten.

✓ Ein Hundezüchter fragt Sie kritisch nach Ihren Lebensumständen, um herauszufinden, ob Sie und Ihr Umfeld für Hundehaltung geeignet sind.

✓ Ein seriöser Hundezüchter schließt einen Kaufvertrag ab. Neben Name und Anschrift von Käufer und Verkäufer sollten hier folgende Details aufgeführt sein:

✓ Tätowierungsnummer/Chipnummer des Welpen, Name, Zuchtbuchnummer und Wurfdatum, Kaufpreis und Zahlungsart, Übergabedatum, Krankheiten/Mängel

✓ Versuchen Sie herauszufinden, ob andere Käufer zufrieden waren mit den Hunden dieses Züchters. Geben Sie den Namen des Hundezüchters in eine Internet-Suchmaschine ein oder fragen Sie in speziellen Hundeforen, ob jemand Erfahrungen mit dem Hundezüchter hat.

✓ Fragen Sie nach den Papieren der Welpen. Sollten keine Papiere vorhanden sein, kann es sich um einen Wildzüchter statt um einen seriösen Hundezüchter handeln.

Welpenvermittlung / Hundevermittlung – Tipps

In diesem Abschnitt möchte Ihnen ein paar Tipps für die Welpenvermittlung bzw. Hundevermittlung eines Vierbeiners auf den Weg geben. Beachten Sie bitte beim Welpenkauf die Hinweise der anderen Seiten.

Welpen- und Hundevermittlung im Internet

Die Welpenvermittlung im Internet erfreut sich immer größerer Beliebtheit. Es gibt Webseiten von Hundezüchtern, Hobbyzüchtern oder auch Privathaushalten, die die Termine Ihrer Würfe hier ankündigen. Oft sind Bilder von niedlichen Welpen und den Elterntieren auf diesen Webseiten abgebildet.

Andere Webseiten der Online-Welpenvermittlung haben die Funktion einer Suchmaschine. Hier gibt man in das Suchfeld ein, ob es sich bei dem gewünschten Hund um einen Rassehund oder um einen

Mischlingshund handeln soll. Kriterien wie Farbe, Fellbeschaffenheit, Größe und Geschlecht können ebenfalls angegeben werden.

Diese Hundevermittlung sucht dann nach den gewünschten Kriterien den geeigneten Züchter bzw. Halter und teilt Ihnen Adresse und Telefonnummer mit.

Über Webseiten für Welpenvermittlung bzw. Hundevermittlung verfügen auch die einzelnen Rassehundevereine oder der Verein für das Deutsche Hundewesen (VDH).

Hundevermittlung bei Rassehundevereinen

Um bei der Suche einer seriösen Welpenvermittlung an die richtige Stelle zu geraten, empfiehlt sich der direkte Kontakt zu einem Rassehundeverein. Je nachdem, welche Rasse Sie wünschen, Rassehundevereine bieten i.d.R. immer auch eine Hunde- oder Welpenvermittlung an. Eine großzügige Übersicht bietet der Verein für das Deutsche Hundewesen (VDH) auf seiner Homepage www.vdh.de an.

Hier finden Sie über 140 VDH-Mitgliedsvereine mit Adressen und Telefonnummern, die eine Welpenvermittlung anbieten.

In jeder Stadt gibt es Hundeclubs und
Hundesportvereine. Schauen Sie im Telefonbuch
Ihrer Stadt nach, und nehmen Sie Kontakt mit
einem Hundeclub Ihrer Wahl auf. Diese Vereine
stehen der Welpenvermittlung i.d.R. sehr offen
gegenüber und haben sicher den einen oder
anderen Tipp. Hundeclubs sind auch interessant für
Hundefreunde, die eine Welpenvermittlung von
Mischlingshunden suchen. Vielleicht machen Sie
hier schon erste wichtige Kontakte für spätere
Hundefreizeitaktivitäten.

Hundevermittlung bei Tierärzten

Tierarztpraxen sind gute Orte für die private
Welpen-/Hundevermittlung. Erkundigen Sie sich
nach einem Tierarzt in Ihrer Nähe und statten Sie
ihm einen Besuch ab. In den meisten
Wartezimmern von Tierärzten hängen private
Abreißzettel. Diese sind oft von Patienten dort
platziert, die Hunde oder Welpen abzugeben
haben. Erkundigen Sie sich vorher beim Tierarzt
über den Anbieter. Der Tierarzt als
Hundevermittlung eignet sich sowohl bei der Suche

nach Rassehunden wie auch nach
Mischlingshunden.

Hundevermittlung und Welpenvermittlung im Tierheim

Eine sehr gute Adresse sind die Tierheime. Hier gibt es zahlreiche Rasse- und Mischlingshunde, die auf ein neues Zuhause warten. Der Vorteil für Sie: Sie bekommen einen gepflegten, geimpften und ärztlich untersuchten Hund mit einem Mikrochip (amtl. Registrierung). Beachten Sie jedoch, dass für diesen Service Kosten zwischen 150 bis 250 Euro anfallen. Weiter müssen Sie neben Ihrem Personalausweis alle Familienmitglieder, (auch bereits vorhandene Hunde und Katzen) zu einem Vorstellungsgespräch mitbringen. Planen Sie für diesen Besuch etwa ein bis zwei Stunden ein.

Welpenvermittlung bei Ausstellungen und Hundemessen

Besuchen Sie doch mal eine Hundemesse oder Hundeausstellung. In vielen Städten gibt es solche Veranstaltungen. Hier finden Sie zahlreiche Infostände und Fachleute vor, die sich mit Hunden

auskennen und sicher einen wertvollen Tipp parat
haben.

Kapitel 6

Tipps zur Hundeerziehung

Der Besuch einer guten Hundeschule sollte für
jeden Hund und Halter Pflicht sein. Eine solide
Hundeausbildung bzw. Hundeerziehung gemeinsam
mit einem kompetenten Hundetrainer bildet die
Basis für ein unkompliziertes und glückliches
Hundeleben. Das Hundetraining einer guten
Hundeschule sollte Hund und Halter die wichtigsten
Methoden der Hundeerziehung lehren und vor
allem Spaß machen.

Die Hundeerziehung in der Hundeschule sorgt
dafür, dass sich der Hundehalter später überall in
der Öffentlichkeit ohne Probleme mit seinem Hund
bewegen kann. Gleichzeitig sorgt ein
kontinuierliches Hundetraining für die Auslastung
des lernwilligen Hundes. Denn Hunde möchten
Aufgaben lösen, benötigen Lernerfolge und Lob. Ein
kompetenter Hundetrainer einer erfahrenen
Hundeschule gibt dem Hundehalter wichtige Tipps

und Hausaufgaben mit nach Hause, so dass Hund und Halter gemeinsam bis zur nächsten Schulstunde üben können.

Die Hundeausbildung besteht sowohl aus theoretischer Wissensvermittlung als auch (überwiegend) aus praktischen Übungen.

Hundeschulen bieten Hundetraining und Hundeerziehung als Einzel- oder Gruppenkurse an. Ein wichtiger Bestandteil der Hundeerziehung im Frühstadium ist die Sozialisation von Hundewelpen. Wer mit seinem Hund oder Welpen eine Hundeschule aufsuchen möchte, sollte beim ersten Schultag einen Impfpass und den Nachweis einer abgeschlossenen Haftpflichtversicherung mitbringen. Die meisten Hundeschulen bieten einen ersten Schnuppertag kostenlos an.

Wahl der richtigen Hundeschule

Das Finden der richtigen Hundeschule ist oft ein großes Problem für frische Hundehalter. Nach welchen Kriterien soll die Hundeschule ausgewählt werden? Folgende Punkte sollten bei der Wahl der richtigen Hundeschule berücksichtigt werden:

1.   Welcher Erziehungsstil wird angewandt? Gewaltfrei oder autoritär? (alte Hundeschule, z.B.

Arbeit mit dem Halsband/Hundeleine oder ohne gewaltsame Einwirkung). Hier gibt es sehr unterschiedliche Auffassungen und Ansatzpunkte. Nehmen Sie sich die Zeit und prüfen Sie die Hundeschule. Lassen Sie sich die Methoden der Hundeerziehung von einem Hundetrainer erklären, bevor Sie sich für die Hundeausbildung in einer Hundeschule entscheiden. Moderne Hundeschulen arbeiten fast ausschließlich nach dem Belohnungsprinzip der positiven Verstärkung. Das bedeutet: Wenn der Hund etwas richtiggemacht, bekommt er eine Belohnung. Hierdurch soll korrektes Verhalten bestärkt werden. Gewaltsame Sanktionen lehnen die meisten Hundeschulen ab, weil hierdurch das Vertrauen des Hundes zum Halter beeinträchtigt wird. Denn schließlich sollte das die Grundvoraussetzung zum gemeinsamen und erfolgreichen Lernen sein.

2.   Wie viele Teilnehmer haben die Gruppenstunden? Gerade zu Beginn ist die Gruppenausbildung sehr wichtig, weil die Hunde wichtige Sozialkontakte zu anderen Hunden sammeln sollten. Aus diesem Grund kommt zu Beginn der Hundeausbildung nur ein Gruppenkurs in Frage. Achten Sie darauf, dass nicht zu viele Gruppenteilnehmer in einer Gruppe sind. Hierdurch

verschlechtert sich der Lerneffekt für Hund und Halter.

3.   Finden Sie heraus, ob das Hundetraining nur auf einem Hundeplatz stattfindet oder auch außerhalb. Gute Hundeschulen gehen mit Ihren Schülern auch in den Wald, in die Stadt, fahren Bus und gehen ins Restaurant. Sie lehren alltagsnah und praxisnah. Schließlich soll der Hund die Regeln ja nicht nur auf dem künstlichen Übungsplatz beherrschen, sondern vor allem im realen Leben auf der Straße. Fragen Sie den Hundetrainer/Hundelehrer der Hundeschule, ob auch diese Trainingsmethoden angewandt werden.

4.   Hundetrainer oder Hundelehrer kann jeder werden. Hierzu muss man keine anerkannte Ausbildung absolviert haben. Im Grunde reicht ein Gewerbeschein aus, um eine Hundeausbildung anbieten zu können. Diese Tatsache erfordert es, mehr über die Qualifikationen der Hundetrainer zu erfahren. Eine gute Hundeschule sollte natürlich über einen großen Erfahrungsschatz verfügen. Erkundigen Sie sich nach dem Werdegang der Hundetrainer und Hundelehrer. Fragen Sie, wie lange die Mitarbeiter der Hundeschule bereits aktiv sind und bitten Sie um Referenzen (z.B. Zeitungsartikel, Mitgliedschaften, besondere

Leistungen/Auszeichnungen, etc.). Fragen Sie andere Teilnehmer der Hundeschule.

5.   Vergleichen Sie die Preise. Auch unter Hundeschulen gibt es überteuerte Angebote.

6.   Sonstige Kriterien sind: Sauberkeit der Übungsplätze, Erreichbarkeit, Unterrichtszeiten, Sympathie.

<u>Wichtig für Welpenbesitzer</u>: Begeben Sie sich rechtzeitig auf die Suche nach einer passenden Hundeschule, noch bevor der Welpe bei Ihnen einzieht.

Hundeerziehung in der Welpenspielstunde

Für junge Welpen bieten alle Hundeschulen spezielle Welpenkurse an. Hier können Hunde i.d.R. im Alter ab 8 Wochen teilnehmen. Je jünger die Welpen sind, desto intensiver wird die Prägung sein.

Die Hundeerziehung in der Welpenspielstunde ist in erster Linie von Spiel und Spaß geprägt. Die Welpen toben und tollen auf unterschiedlichen Böden (z.B. Steine, Sand, Gras) und mit diversen Gegenständen

(Spielzeugen). Hierbei lernen sie andere Welpen kennen und erfahren Sozialkontakte zu anderen Hunden und Menschen, die für das weitere Leben sehr wichtig sind. Hunde ohne Sozialisation bzw. Sozialkontakte werden häufig zu Beißern und aggressiven Hunden, weil sie den Umgang in der Gesellschaft nicht gelernt haben.

Die Hundeerziehung im Welpenkurs verhindert dies.

Weitere wichtige Inhalte sind die Grundgehorsamkeitsübungen wie „Sitz", „Platz", „Hier", „Fuß" und „Aus". Die Welpenspielstunde findet an 1-2 Stunden in der Woche statt. Meistens handelt es sich um offene Stunden ohne Kursverpflichtung. Die erste Schnupperstunde ist i.d.R. kostenfrei.

Hundeausbildung in Junghundkursen

Die Hundeausbildung im Junghundkurs baut auf die Hunderziehung des Welpenkurses auf. Das Hundetraining für Junghunde beginnt meistens ab der 16. Woche. In diesem Kurs werden die Grundkommandos „Sitz", „Platz", „Hier", „Fuß" und „Aus" konditioniert und unter Ablenkung geübt.

Zusätzlich lernen die jungen Hunde das Laufen an der Leine.

Erste Übungen werden in der Stadt und im freien Gelände geübt.

Hundeerziehung für Problemhunde

Hundeerziehung für Problemhunde gibt es in jeder Hundeschule. Dieses spezielle Hundetraining umfasst ein sehr intensives Einzel-Hundetraining mit einem sehr erfahrenen Hundetrainer. Problemhunde sind beispielsweise Hunde die,

- ständig an der Leine zerren
- nicht Fuß gehen wollen
- ständig andere Menschen und Hunde anbellen
- springen, bellen und toben, wenn sie vor dem Einkaufsladen warten sollen
- andere Menschen anspringen
- immer während der Autofahrt bellen
- alles vom Boden aufnehmen und fressen
- aggressiv sind
- ängstlich sind nicht gehorchen
- u.v.m.

Bevor Du das Hundetraining beginnst, ist es am besten, dass Du darüber einige Dinge erfährst. In der heutigen Zeit findest Du viele Arten von Hundetraining und dies an vielen verschiedenen Orten. Diese Trainings variieren im Preis und jeder Trainer hat etwas anderes zu bieten.

Die erste Art von Hundetraining ist bekannt als Welpen Vorschule. Dies ist ein Hundetraining für Welpen, die etwa 6 Wochen bis 5 Monate alt sind. Diese Welpen Vorschulklassen dauern in der Regel nicht mehr als 6 bis 8 Wochen. In diesen Trainings wird Deinem Welpen im Wesentlichen gelehrt, wie man mit Menschen und anderen Welpen sozialisiert. Hier beginnt auch Dein Welpe zu lernen, wie man sich hinsetzt, an einem Ort bleibt und wie man kommt.

Die zweite Art von Hundetraining ist für die Hunde gedacht, die mindestens 5 Monate alt sind. Diese Art von Hundetraining ist bekannt als das grundlegende Hundetraining. Die Dauer dieser Klassen beträgt in der Regel etwa 8 bis 10 Wochen. Dies ist der Grundkurs, wo Ihr Hund die Kunst gelehrt wird, richtig an der Leine zu gehen, zu sitzen, zu bleiben, zu kommen und zu fressen.

Die dritte Art des Hundetrainings ist bekannt als die Zwischenausbildung. Dieses Hundetraining zielt darauf ab, den Hund vor allem die gleichen Dinge zu unterrichten, die in der Grundausbildung gelehrt wurden, jedoch in einer detaillierteren Form. Hier wird dem Hund trainiert, für eine längere Zeitspanne zu bleiben und es wird gelehrt, den Befehlen zu folgen, die von anderen Leuten gegeben werden.

Die Zwischenausbildung dauert in der Regel etwa 8 bis 10 Wochen und ist für diejenigen gedacht, die nicht weniger als 5 Monate alt sind. Es ist wichtig, dass der Hund sein grundlegendes Hundetraining absolviert hat oder an die grundlegenden Befehle gewöhnt ist, die vom Besitzer gelehrt werden konnten.

Die nächste Art der Schulung ist bekannt als das erweiterte Hundetraining. Hier ist der Kurs ganz ähnlich zu seinem vorherigen, d. h. das Zwischenhundetraining, mit Ausnahme der Tatsache, dass diesmal alles genauer ist. Hier wird dem Hund beispielsweise beigebracht, wie er sitzen bleibt, ohne dass er Dich sieht.

Diese Schulung dauert ca. 8 bis 10 Wochen und ist für diejenigen Hunde gedacht, die ihre Fortbildung absolviert haben. Hier werden die Hunde auch ausgebildet, um neben ihren Besitzern ohne Leine zu gehen. Darüber hinaus bereitet dieser Kurs allmählich den Hund für den letzten Kurs vor.

Um diesen letzten Kurs zu bestehen, wird Dein Hund die 10 notwendigen Aspekte unterrichtet.

Dieser Kurs ist für die Hunde gedacht, die alle bisherigen Kurse abgeschlossen haben. Der Test ist ziemlich hart und kann nur abgeschlossen werden, wenn der Hund wirklich gut ist. Je nachdem, wie Dein Hund drauf ist, kann der Kurs für mehrere Wochen dauern.

Halte diese Informationen im Auge, solltest Du in der Lage sein, das Hundetraining natürlich am besten im Sinne Deines Hundes zu entscheiden. Jedoch kannst Du auch die Meinung eines Hundetrainers einholen, um mehr zu erfahren. Viele Trainer beraten Dich kostenlos.

Das richtige Halsband

Ob Du Deinem Hund durch ein Hundetraining etwas lehrst oder Du Deinen Hund so leben lässt, wie er ist, Hundehalsbänder und Riemen stellen eine wichtige Rolle für alle Hunde dar. Hundehalsbänder sind heutzutage in allen Formen, Größen und Designs erhältlich. Ein Hundehalsband kann ebenso mit einem Aufdruck Deiner Anschrift versehrt sein, damit der ehrliche Finder Deinen Hund wieder zu Dir nach Hause bringen kann.

Mit solch einer umfangreichen Auswahl an Hundehalsbänder, das passende Band für Deinen Hund zu finden, kann dem ein oder anderen schon ein paar Nerven kosten. Das Halsband sollte anhand des Verhaltens Deines Hundes gewählt werden. Für einen eher gefügigen Hund ist ein Halsband aus einem weichen Tuch gewissermaßen geeignet. Auf der anderen Seite muss ein hartnäckiger Hund durch einen schnellen Ruck eines Stachelhalsbands eingeschränkt werden. Ein Hundetrainer kann Dir sicherlich einen guten Tipp geben, um das passende Hundehalsband für Deinen treuen Hundekumpel zu finden.

Die Schnalle ist die gängige Art von Hundehalsband. Ein breites Tuch kann hierbei gut verwendet werden, um die Schnalle des Halsbandes, mit einer Vielzahl von Farben und Designs zu schmücken. Der Name Deines Hundes kann aus Liebe zum Hund auf das Halsband genäht werden. Wie bei einem Gürtel besteht die Schnalle aus einer Folge von Löchern und kann hierdurch fixiert werden, um die gewünschte Größe zu erreichen.

Eine weitere Art ist ein Stachelhalsband oder auch Dressurhalsband, das sehr hilfreich sein kann, wenn Dein Hund zu einem gewissen Grad störrisch ist und in der Regel hart an der Leine zieht. Ein Stachelhalsband hat vertikale Metallzinken, die im Bereich der Innenseite des Halsbands gleichmäßig verteilt sind. Beim Zerren des befestigten Gurtes stoßen den Stachel auf den Hals Deines Hundes, auf diese Weise verlangsamst Du seine chaotischen Aktionen.

Vielleicht klingt der Ausdruck "Stachelhalsband" ein bisschen hart für Dich. Trotzdem, wenn Du es richtig verwendest, verursachen Stachelhalsbänder keineswegs irgendwelche Schäden für den Hund und sind viel sicherer als andere Arten von Hundehalsbänder.

Klicker-Hundetraining

Unter Klicker-Hundetraining versteht man Hundeerziehung mit einer technischen Hilfe, einem Klicker. Ein Klicker ist ein Metallplättchen in einem kleinen Plastikkästchen (Kackfrosch). Drückt man mit einem Finger auf das Metallplättchen entsteht ein lautes, kurzes und klares

„Klick-Geräusch". Mit Unterstützung von diesem Geräusch kann der Hund besser erzogen werden, weil er dieses Klicken besonders deutlich wahrnehmen kann und er besser lernt zu reagieren. Bei der Hundeausbildung mit einem Klicker kommt es darauf an, dass das

Klickgeräusch grundsätzlich als positive Bestärkung eingesetzt wird, so dass der Hund lernt, etwas Positives mit dem Klicker zu assoziieren. Erst dann kann es als wirksame Erziehungshilfe fungieren. Ein Klicker ist eine optimale Kommunikationshilfe zwischen Hund und Halter. Ein spezielles Klicker-Hundetraining wird in fast jeder Hundeschule angeboten. Ob in Berlin, Köln, München, NRW oder Bremen - fragen Sie den Hundetrainer einer Hundeschule in Ihrer Nähe.

Sonder-Hundeausbildung

Professionelle Hundetrainer bieten meist mehr als die klassische Hundeerziehung an. Erhalten Sie einen Überblick auf weitere Angebote im Bereich Hundeschule, Hundetraining und Hundeausbildung:

- ✓ Begleithundeprüfung

- ✓ Wach- und Schutz-Hundeausbildung

- ✓ Hundeschule für Film-Hundeausbildung

- ✓ Hundeschule und Hundetraining für Fährtenhundeausbildung

- ✓ Hundeschule mit Kind und Hund-Kurse

Kapitel 7

Sport für Hund und Halter

Hundesport wird betrieben in Hundeclubs, Hundeschulen oder individuell im Wald oder im Garten. Hundesport bedeutet nicht nur Sport für Hunde, sondern Bewegung für Hunde und Halter. So zumindest sind die meisten Hundeport-Aktivitäten ausgerichtet. Egal ob in Hundeclubs oder auf individueller Basis. Das wichtigste am Hundesport: Hundesport sollte die Bindung zwischen Hunde und Halter festigen, gesund sein und Spaß machen. So sehen es auch die meisten organisierten Hundeclubs.Lernen Sie auf diesen Seiten die beliebtesten und häufigsten Sportarten im Bereich Hundesport kennen. Dieser Hundesport wird auch bei den meisten Hundeclubs angeboten:

- ✓ Obedience
- ✓ Agility
- ✓ Mobility
- ✓ Flyball
- ✓ Dogdancing
- ✓ Schlittenhunderennen
- ✓ Freizeitsport mit Hund

Obedience

Ein Hundesport, der in Hundeclubs und in Hundeschulen praktiziert wird.

Bei diesem Hundesport steht der Grundgehorsam (Obedience) im

Vordergrund. Es geht um das spielerische Lernen bei einem sportlichen Wettkampf. Obedience ist damit der Wegbereiter für andere Sportarten im Bereich Hundesport wie z.B. Agility. Das Gehorsamkeitstraining baut auf den Grundgehorsam wie „Sitz", „Platz" und „Bei-Fuß" auf. Er erstreckt sich auf Apportieren (bringen) von Gegenständen, Springen über Hürden, Vorauslaufen, Distanzübungen (Grundgehorsam aus der Entfernung) und das Suchen von Gegenständen. Geübt wird außerdem die Wesensfestigkeit im Beisein mit anderen Hunden. Dieser Hundesport wird professionell mit festem Reglement und Wettkampfrichtern ausgeführt, die Punkte für jede Übung verteilen.

Agility

Agility ist der wohl populärste Hundesport. Agility bedeutet

„Gewandtheit" und ist eine Hundesportart, die aus England stammt. Ähnlich wie beim Pferdespringen steht bei Agility ein Hindernisparcours im Mittelpunkt. Agility wird in Deutschland seit 1988 von zahlreichen Hundeclubs professionell betrieben. Der Hundesport Agility ist von den offiziellen Hundeverbänden als Sportart für Hunde anerkannt.

Der Agility-Parcours wird auf einem Hundeplatz der Größe von mindestens 20 x 40 Metern aufgebaut. Bei den meisten Hundeclubs müssen die Hunde 10 bis 20 Hindernisse überwinden. Die genaue Reihenfolge der Hindernisse wird erst kurz vor dem Start bekannt gegeben. Die gesamte Streckenlänge beträgt zwischen 100 bis 200 Metern. Das Reglement der Hundeclubs sieht vor, dass Hunde den Hindernisparcours ohne Hilfsmittel wie Leine, Halsband, etc. in einer zuvor festgelegten Zeit bewältigen müssen. Der Hundehalter darf den Hund nur mit seiner Stimme anleiten.

Werden beim Lauf durch den Hindernisparcours Fehler gemacht oder wird der Parcours nicht in einer bestimmten Mindestzeit durchlaufen, erhält das Team Strafpunkte. Zu viele Strafpunkte führen zur Disqualifikation. Es gewinnt das Team, das in der vorgegebenen Zeit die wenigsten Fehler gemacht hat.

Mobility

Viele Hundeschulen und Hundeclubs bieten Mobility an. Mobility ist eine Mischung aus Obedience und ruhigem Agility. Auch bei diesem Hundesport gibt es einen leichten Hindernisparcours mit 10 verschiedenen Stationen wie beispielsweise Bollerwagen, Autoreifen, Apportieraufgaben, Slalom etc. Einige Hundeclubs bieten Mobilität mit Zeitrahmen an, andere ohne. Bei den meisten Hundeclubs kann Mobility von Hunden im Alter ab ca. 5 Monaten durchgeführt werden. Mobility gilt als die Vorstufe zum Agility-Hundesport.

Flyball

Immer mehr Hundeclubs bieten Flyball an. Flyball ist ein beliebter Hundesport, der die Geduld und Toleranz der Hunde auf die Probe stellt.

Beim Flyball-Hundesport springen die Hunde über vier Hindernisse. Am Ende des Parcours betätigen die Hunde mit der Pfote an einer Ballwurfmaschine eine Fläche. Durch diese Berührung wird ein Tennisball in bis zu 3 Meter Höhe geschleudert. Anschließend muss der Hund den Ball aus der Luft auffangen und über den Parcours zurück zum Halter laufen. Sobald der Hund mit dem Ball im Maul angekommen ist, darf der nächste Hund losrennen. Flyball-Hundeclubs oder Hundeschulen spielen Flyball in Mannschaftsaufstellungen als Staffellauf. Dieser Sport bedeutet in erster Linie Bewegung für den Hund. Die Hundehalter stehen am Startpunkt und feuern ihre Hunde an.

Dogdancing

Dogdancing kommt aus den USA und beinhaltet
gemeinsames Tanzen mit dem Hund. Zur Musik
werden verschiedene Tanzfiguren einstudiert und
gezeigt. Eine Tanzeinlage verlangt absolute
Höchstleistungen von Hund und Halter. Beide
müssen sich sehr stark konzentrieren und in
partnerschaftlicher Harmonie zusammenwirken.
Der Hund muss einen sehr guten Grundgehorsam
haben.

Der Phantasie und Kreativität sind beim Dog-
Dancing keine Grenzen gesetzt. Bei offiziellen
Vorführungen gibt es, wie bei den meisten
Sportarten, feste Regeln und Bewertungen.
Bewertungen gibt es beispielsweise auf die
Motivation der Hunde, die Choreographie und die
Interpretation des Musikstücks. Während der
Darbietung von ca. 2 Minuten darf der Hund nicht
an der Leine geführt und gefüttert werden. Sollte so
etwas passieren, führt dies zur Disqualifikation.
Mittlerweile bieten schon sehr viele Hundeschulen
und Hundeclubs Dogdancing-Kurse an.

Schlittenhunderennen

Schlittenhunderennen gibt es in unterschiedlichen Variationen. Beim Schlittenhunderennen besteht ein Gespann aus einem bis zu 14 Hunden. Sie ziehen den Musher (Schlittenhunde-Führer). Der Musher sitzt i.d. R. auf einem Gefährt. Das kann ein Schlitten sein, ein Velorad (Fahrrad), ein Wagen, ein Dreirad oder Pulka (eine Wanne, die mit Gewichten beschwert ist). Allerdings gibt es auch Rennen, bei denen der Musher läuft/joggt. Je nach Ausrichtung der Hundeclubs und je nach Veranstaltungsort gehen die Rennen über verschiedene Distanzen.

Man unterteilt die Distanzen in die Klassen Sprint (5-20 km), Middle Distance (30-40 km) und Longtrail (über 50 km). In Deutschland gehen die meisten Schlittenhunderennen über eine Distanz von 5-20 km. Typische Schlittenhunde sind der Alaskan Malamute, Siberian Husky, Samojede und der Grönlandhund. Schlittenhunderennen kommen diesen Rassen besonders entgegen, weil sie ihren starken Bewegungsdrang befriedigen. Diese Rennen ermöglichen diesen Hunden eine optimale und artgerechte Bewegung in der Natur.

Freizeitsport mit Hund

Anders als beim traditionellen Hundesport der Hundeclubs und Vereinen hat diese Sportart keinen Wettkampfcharakter. Es geht hier weder um Punkte noch um Pokale. Beim Freizeitsport mit Hund geht es darum, gemeinsam mit dem Hund und den anderen Freunden des Hundeclubs verschiedene Aktivitäten zu unternehmen.

Mal rufen die Hundeclubs zum Wandern im Grünen auf, an einem anderen Tag geht's zum Schwimmen oder mit den anderen Hundesport-Freunden mit dem Fahrrad on Tour. Für die Hundeclubs steht hier die Gemeinschaft aller Teilnehmer (Hunde und Menschen) und die Unternehmungslust im Vordergrund. Dieser Hundesport findet vorwiegend in der Natur statt.

Kapitel 8

Hundefutter und Hundeernährung

Hundenahrung und Hundeernährung sind Dauerbrenner unter den Themen bei Hundehaltern. Zum Thema Hundenahrung bzw. Hundeernährung existieren weitaus mehr Meinungen, als es Futtersorten gibt. Der Tierarzt sagt dies, der Hundelehrer das und der Hundezüchter wieder etwas anderes. Jeder Hundebesitzer oder Hundeexperte schwört auf seine spezielle Marke in Sachen Hundenahrung und auf seinen Plan der Hundeernährung.

Hunde-Interessenten und Neuhundebesitzer kommen da schnell ins Schleudern und lassen sich von den vielen Meinungen und dem Überangebot an Hundenahrung verunsichern. Um eines vorweg zu nehmen: Es gibt weder feste Regeln oder „richtige Tipps" für die Wahl von Hunde- oder Welpenfutter (z.B. der Art oder der Marke) noch gibt es eine Art Patenrezept für die richtige Hundeernährung (z.B. Menge, Häufigkeit). Alle Hunde sind unterschiedlich in Rasse, Körperbau, Alter, Größe etc. Aus diesem Grund müssen Hunde, hinsichtlich gesunder Hundeernährung, individuell betrachtet werden.

Mit diesem eBook möchte ich bei dem Einstieg in das Thema Hundefutter/Hundeernährung behilflich sein und ein paar Fakten zum Thema Hundenahrung ansprechen. Unabhängig von der Hundefutterwahl sollten bestimmte Dinge bei der Hundeernährung bekannt sein bzw. berücksichtigt werden:

Wichtige Nährstoffe und Grundnahrungsmittel

Ob Welpenfutter oder Hundenahrung für ausgewachsene Hunde, Hundenahrung sollte sich grundsätzlich aus folgenden Nährstoffen zusammensetzen:

- ✓ Proteine
- ✓ Eiweiß
- ✓ Fettgehalt
- ✓ Kohlenhydrate
- ✓ Mineralstoffe
- ✓ Vitamine (20 verschiedene)
- ✓ Ballaststoffe

Für eine ausgewogene und gesunde Hundeernährung ist es wichtig, dass diese Nährstoffe im richtigen Verhältnis zueinander und in der richtigen Menge auf Ihren Hund abgestimmt werden. Hierbei spielen Angaben wie Alter, Größe und Gewicht die entscheidende Rolle. Welpenfutter setzt sich beispielsweise anders zusammen als Hundefutter für erwachsene Hunde.

Erhalten Sie einen Überblick auf die wichtigsten Grundnahrungsmittel, in denen die genannten Nährstoffe enthalten sind:

- ✓ Fleisch
- ✓ Getreide
- ✓ Kartoffeln
- ✓ Fett (z.B. Geflügelfett)
- ✓ Milch
- ✓ Eier
- ✓ Gemüse
- ✓ Nebenprodukte
- ✓ Zusatzstoffe (synthetische Nahrung wie z.B. Geschmacksverstärker)
- ✓ Wasser

Hinweis:

Einige Hersteller von Hunde- und Welpenfutter stellen Tierfutter aus Abfallprodukten her. Oft sind das Tierfutterhersteller, die einem größeren Lebensmittelkonzern angehören. Hierzu empfehlen wir, einen kritischen Blick hinter die Fassaden der Hersteller zu werfen. Sie sollten sich möglichst eindeutig als Hundefutterhersteller identifizieren lassen.

Arten von Futtermittel /Hundenahrung

Viele Hundefutterhersteller bieten Fertigfutter mit verschiedenen Bezeichnungen an. Erhalten Sie einen Überblick auf die gängigen Fertigfuttererzeugnisarten:

Alleinfuttermittel: So wird Hundefutter genannt, das allein ohne andere Komponenten außer Wasser verfüttert werden kann.

Ergänzungsfuttermittel: Hundenahrung, die zum normalen Futter (z.B. Dosenfutter, Getreide, etc.) ergänzt wird.

Trockenfutter: Bei der Herstellung von Trocken-Hundenahrung wird den Bestandteilen die

Feuchtigkeit entzogen. Das Futter ist somit lange haltbar und äußerst einfach zu handhaben. Trockenfutter sollte man etwas Wasser zufügen. Trockenfutter wird heute von den meisten Hundehaltern bevorzugt.

Feuchtfutter: Feuchtfutter gibt es häufig in Dosen. Bei diesem Futter wurde der Hundenahrung keine Feuchtigkeit entzogen. Dosenfutter besteht meist zu 80% aus Feuchtigkeit und nur 4% aus Fleisch, welches überwiegend „tierische Nebenerzeugnisse" enthält. Also statt 4% Herz, Leber, Niere usw. sind oft viele Knochen, Sehnen und Organe enthalten, die nicht separat auf der Dose oder Packung deklariert sind.

Ernährung von Welpen und erwachsenen Hunden

Welpen: Die meisten Hundezüchter erstellen einen Futterplan für Ihre Welpen. Welpenbesitzer ist zu empfehlen, sich an diesen Plan zu halten.

Welpenfutter können Sie selbst zubereiten, oder Sie wählen spezielles Fertigfutter für Welpen. Fertiges Welpenfutter berücksichtigt den Kaloriengehalt,

Anteile an Vitaminen und die Dosierung von
Mineralstoffen. Wer die Mühen nicht scheut, kann
Welpenfutter auch selbst herstellen. Hierfür gibt es
in Buchhandlungen spezielle Kochbücher bzw.
Rezepte.

In den ersten Wochen nachdem Sie den Welpen in
Ihr Heim geholt haben, sollte das Welpenfutter
überwiegend aus Welpenbrei und sehr leicht
verdaulicher Nahrung bestehen. Später wechseln
Sie zu Fertigfutter wie Trockenfutter. Zum Übergang
lassen Sie das Trockenfutter länger im lauwarmen
Wasser einweichen, bevor Sie es Ihrem Liebling
servieren.

Besonders wichtig bei der Fütterung ist die
Einhaltung des Futterplans. Ein Welpe benötigt
wachstumsbedingt mehr Nahrung als ein
ausgewachsener Hund. Da Welpen aber nur über
einen sehr kleinen Magen und einen zarten
Verdauungsapparat verfügen, sollte die Tagesration
für einen Welpen in vier Mahlzeiten aufgeteilt
werden. Diese werden im Laufe eines Jahres nach
und nach bis auf ein bis zwei Mahlzeiten am Tag
reduziert.

Orientieren Sie sich an folgender Tabelle:

8. – 12. Woche = 4 Mahlzeiten
3. – 7. Monat = 3 Mahlzeiten
7. – 12. Monat = 2 Mahlzeiten
ab 12. Monat = 1 - 2 Mahlzeiten

Halten Sie auch die Menge der Hundenahrung ein.
Eine Überfütterung führt schnell zu Fettleibigkeit,
zu erhöhtem Gewicht und zu schnellem Wachstum.
All das sollten verantwortungsbewusste
Hundebesitzer unbedingt vermeiden, weil es zu
chronischen Leiden führen kann.

Typische Erkrankungen bei Übergewichtigkeit sind
beispielsweise Hüftdysplasie (HD) oder
Skeletterkrankungen. Diese Krankheiten entstehen,
weil das zarte Knochengerüst einen zu schweren
Körper tragen muss. Zur Kontrolle der richtigen
Fütterung fühlen Sie einfach öfter mal die Rippen
Ihres Hundes. Lassen sich die Rippen nur mühsam
oder gar nicht ertasten, haben Sie zu viel gefüttert.
Der Welpe darf auf keinen Fall pummelig wirken.

Viele Züchter empfehlen eine Mischernährung aus
Fleisch (wie z.B. aus Dosen) und Hundeflocken
(hoher Gehalt an Kohlenhydrate). Denken Sie
daran, dass die Flocken immer feucht angerührt

werden müssen. Sollten Sie die Hundenahrung
später einmal wechseln, dann tun Sie dies nicht von
heute auf morgen. Mischen Sie in einer
Übergangszeit von einigen Tagen die bisherige
Hundenahrung mit dem neuen Futter, damit sich
der Körper des Hundes auf die neue
Hundeernährung einstellen kann. Oftmals kommt
es bei Futterumstellungen zu Durchfall.
Grundsätzlich gilt: Immer frisches Wasser
bereitstellen.

<u>Erwachsene Hunde</u>: Erwachsene Hunde bekommen
1 - 2 Mal pro Tag eine Mahlzeit. Welches Futter Sie
auch immer füttern, achten Sie auf die
Dosierungsangaben des Herstellers auf der
Verpackung und auf die Linie Ihres Hundes.
Generell gilt, je älter der Hund, desto weniger
Futter benötigt er.

Hunde, die sich viel bewegen, wie z.B. junge Hunde
oder aktive Hunde, die viel Sport treiben, benötigen
mehr Nahrung, da sie Energie verbrauchen.
Haushunde, die sich weniger bewegen, benötigen
dagegen sehr wenig Futter. Füttern Sie Ihren Hund
zu regelmäßigen Zeiten und sorgen Sie auch mal für
Abwechslung im Hundenapf. Auch Hunde wollen
nicht immer das gleiche Futter fressen.

Viele Menschen meinen, dass Hunde Müll- und Resteschlucker sind und fast alles fressen können. An dieser Stelle möchten wir auf die wichtigen Nährstoffe hinweisen, die Hunde benötigen (siehe oberer Text), und auf mögliche negative oder sogar tödliche Auswirkungen falscher Hundenahrung.

Folgende Nahrung dürfen Sie Ihrem Hund nicht geben:

- ✓ Schweinefleisch/Schweineknochen (können Krankheiten übertragen, die zum Tod führen können)
- ✓ Geflügelknochen (sehr schlecht verdaubar können schnell zu Erstickung führen)
- ✓ Milch (enthält Laktose, eine Zuckerart, die für Hunde nicht verträglich ist)
- ✓ Essensreste (Zumindest nicht als regelmäßige Hauptmahlzeit. Hunde sind keine Müllschlucker. Sie benötigen eine spezielle Ernährung.)

- ✓ Knochen (Entgegen der häufig vertretenen Meinung, Hunde benötigen Knochen, raten viele Hundeexperten davon ab. Tierknochen sind schlecht für die Verdauung. Kaufen Sie besser spezielle Hundeknochen aus der Tierhandlung.)
- ✓ Süßigkeiten

Kapitel 9

Hundezubehör

Hundehalsband, Hundeleine und Hundegeschirr

Ob Hundehalsband, Hundeleine oder Hundegeschirr, sie sind die meist verkauften Hundeartikel und gehören zur Hundeartikel-Grundausstattung eines jeden Hundehalters.

Der Verkauf von Hundeleinen hat seit den schärferen Hundeverordnungen zugenommen. Hundehalsband und Hundegeschirr erfüllen vielfältige Funktionen. Hundeartikel wie Hundeleinen und Hundehalsbänder dienen aber nicht nur dazu, den Hund fest- und fernzuhalten. Das Hundehalsband wie auch die Hundeleine und das Hundegeschirr sollten in erster Linie pädagogische Funktionen erfüllen. Wenn man diese wichtigen Hundeartikel vom Welpenalter an richtig einsetzt, benötigt ein Hund später weder Halsband, Geschirr noch Leine.

... gehen können muss und keinerlei Hundegeschirr oder Hundehalsband benötigt. Wie auch immer: Sicher ist, dass fast jeder Hundebesitzer auf diese primären Hundeartikel angewiesen ist.

Ich möchte Ihnen deshalb in dem folgenden Beitrag die Vielfalt und die verschiedenen Funktionen von Hundeleinen, Hundehalsbändern und Hundegeschirren vorstellen:

Halsbänder

Ein Hundehalsband ist fast jedem Hund vertraut, außer der Halter hat sich für ein Hundegeschirr entschieden. Halsbänder gibt es in unterschiedlichen Größen, Farben und Längen. Es gibt das Hundehalsband aus Leder, Metall (Kettenhalsband), Nylon oder Stoff.

Achten Sie beim Kauf besonders auf die Länge und die Längenverstellbarkeit. Wenn Sie einen Welpen haben, denken Sie an den Wachstumsprozess und daran, dass der Welpe sehr schnell aus dem

Hundehalsband herauswächst. Am besten ist, Sie überprüfen täglich den Sitz des Hundehalsbandes, damit es nicht zu eng wird.

Das Hundehalsband sollte deshalb auf keinen Fall zu knapp gekauft werden. Bei Welpen empfiehlt sich ein Hundehalsband aus Stoff (keine Ketten und keine Würger!). Bei älteren Hunden und bei Hunden, die stark zerren, sollten Sie auf eine hohe Reißfestigkeit achten. Hierzu haben die Hersteller Hundeartikel wie Hundeleinen und Hundehalsbänder mit Gewichtsangaben versehen. Schauen Sie einfach, welche Hundeartikel zu Ihrem Hund passen. Erhalten Sie einen Überblick auf die verschiedenen Arten von Hundehalsbändern:

Ketten- und Würgehalsband

Auf Ketten- und Würgehalsbänder greifen i.d.R. Hundehalter zurück, die ihren Hund mit leichter Gewalteinwirkung gefügig machen bzw. korrigieren wollen. Diese Methode ist sehr umstritten und wird von den meisten Hundeschulen abgelehnt. Dennoch funktioniert sie. Ein Würgehalsband besteht aus einer Stahlkette, die sich zusammenzieht, sobald sich der Hund in eine ungewünschte Richtung oder Position bewegt. Je weiter sich der Hund entfernt, desto enger zieht sich die Kette zusammen. Der Hund empfindet das Zusammenziehen des Halsbandes als unangenehm und korrigiert i.d.R. seine Haltung bzw. schenkt seinem Halter mehr Aufmerksamkeit. Schmerzen werden dem Hund hierdurch nicht zugefügt, da Hunde eine sehr ausgeprägte Halsmuskulatur besitzen. Durch das ständige Ziehen am Hundehalsband wird diese Muskulatur jedoch oft noch weiter ausgeprägt. Also: Nicht ziehen, sondern erziehen!

Stachelhalsbänder

Stachelhalsbänder sind sehr umstrittene Hundehalsbänder, da Sie dem Hund beim Korrigieren Schmerzen zufügen. Das Hundehalsband besteht aus Haken, die nach innen in das Fell bzw. in den Hals drücken. Es gibt auch Haken, die man einzeln erwerben kann, um sie beispielsweise an einen Kettenwürger zu befestigen. Verkauft werden dürfen nur Haken, die abgerundete Enden haben. Der Hund darf durch die „Stachel" (Haken) nicht verletzt werden. Tierschutzverbände lehnen Stachelhalsbänder mittlerweile ab.

Seit einigen Jahren gibt es so genannte Erziehungshalsbänder oder Funkhalsbänder. Der Halter löst per Knopfdruck auf einer Fernbedienung ein Signal ab, dass der Hund an einem kleinen Kästchen am Halsband empfängt. Sofort hört der Hund einen Signalton (für Menschen nicht hörbar). Anschließend erhält er einen leichten, elektrischen Impuls, vergleichbar mit einer statischen Entladung an einer Autotür (< 0,5mA.) Hierdurch wird der Hund von seiner aktuellen Tätigkeit abgelenkt, so dass er seine Aufmerksamkeit wieder seinem Halter widmen kann.

GPS Hundehalsband

Das GPS Hundehalsband (GPS = Global Positioning System) wurde entwickelt, um fortgelaufene Hunde zu orten und zu finden. In das Halsband sind ein GPS-Empfänger und ein Modem installiert. Um herauszufinden, wo sich der Hund genau aufhält, wählt man einfach mit dem Handy das GPS-Gerät am Halsband an. Dieses wird daraufhin aktiviert und sendet die Standort-Koordinaten per SMS (Short Message Service) über ein Funkmodul direkt in das

Handy. Die Positionierung des Hundes kann damit bis auf 20m bestimmt werden. Moderne Handys zeigen sogar Landkarten an, auf denen der Aufenthaltsort des Hundes markiert ist.

Floh-Hundehalsband

Um die Flohplage in den Griff zu bekommen, wählen sehr viele Hundehalter Flohhalsbänder. Diese aus Kunststoff bestehenden Halsbänder geben über einen längeren Zeitraum kontinuierlich Insektizide oder Duftstoffe ab, die Ungeziefer und Flöhe fernhalten. Einige Hunde zeigen hierauf allergische Reaktionen.

Bei der Verwendung dieser Hundehalsbänder sollte man sich deshalb der Giftstoffe bewusst sein. Diese können auch auf den Hund wirken. Ein Flohhalsband dient ausschließlich der Floh- und Ungezieferprophylaxe. Die Befestigung einer Hundeleine ist nicht vorgesehen.

Leuchthalsband

Hierbei handelt es sich um ein batteriebetriebenes Hundehalsband, das bei Dunkelheit leuchtet bzw. blinkt und den Standort des Hundes markiert. So kann der Halter seinen Hund auch nachts nicht aus den Augen verlieren. Leuchthalsbänder gibt es in zahlreichen Farben.

Leuchthalsbänder sind gerade zur dunklen Winterzeit eine praktische Sache. Außerdem dienen sie der Sicherheit im Straßenverkehr. Für die Sicherheit im Straßenverkehr können alternativ auch Hundehalsbänder mit Reflektoren verwendet werden. Sobald ein Scheinwerferlicht das Halsband erfasst, reflektiert es.

Spray-Hundehalsband

Durch Auslösen eines Senders in der Hand des Hundehalters, wird am Hundehalsband (Empfänger) ein geruchloses und unschädliches Spray freigesetzt. Der Hund wird durch die sichtbare Duftwolke von seiner augenblicklichen Tätigkeit abgelenkt und kann seine Aufmerksamkeit wieder dem Halter und seinen Wünschen widmen. Das Halsband bietet die Möglichkeit, den Hund völlig gewaltfrei zu erziehen.

Hundeleinen

Wie bei den Hundehalsbändern gibt es auch bei den Hundeleinen unterschiedliche Varianten, Materialien, Längen und Einsatzmöglichkeiten. Bei einer normalen Hundeleine sollte man auf die Möglichkeit der Längenverstellbarkeit und auf die Reißfestigkeit achten.

Die meisten Hundebesitzer bevorzugen Hundeleinen aus Leder oder Nylon. Hier einige andere Hundeleinen-Varianten:

Flexi-Hundeleine

Die Flexi-Hundeleine ist eine flexible Hundeleine aus Nylon, die sich dem Abstand zum Hund entsprechend automatisch auf- und abwickelt. Ein Federsystem hält die Hundeleine in jeder ausgefahrenen Länge stramm. Die Flexi-Hundeleine befindet sich in einem Kunststoffgehäuse, das je nach Länge der Hundeleine mal kleiner oder größer ausfällt. Flexi-Hundeleinen haben i.d.R. Längen zwischen 5-8 Meter.

Tipp: Wählen Sie eine Flexi-Hundeleine mit einem breiten Gurt, statt eine Hundeleine mit einer Schnur. Bei der Schnur-Variante können beim Toben oder bei Kämpfen schmerzhafte

Hautverletzungen entstehen, weil sich die Schnur bei raschen Bewegungen in die Haut „brennen" kann.

Erziehungsleinen / Übungsleinen

Erziehungs-Hundeleinen bzw. Übungsleinen sind Hundeleinen, die ausschließlich zu Gehorsamkeitsübungen verwendet werden. Eine Übungs-Hundeleine kann zwischen 10 bis 30 Meter lang sein.

Mit einer Erziehungs-Hundeleine kann der Hund beispielsweise im freien Gelände (z.B. Wald) „Komm-Befehle" lernen. Reagiert der Hund bei einem Befehl nicht, erfolgt ein kurzer Ruck an der Übungs-Hundeleine. Auf diese Weise kann der Hund schnell lernen und nicht davonlaufen.

Hundehalsband inkl. Hundeleine

Für Hundehalter, die ihren Hund oft ohne Hundeleine laufen lassen, empfiehlt sich das Hundehalsband mit integrierter Hundeleine. Sollte beim Gassigehen mal eine brenzlige Situation entstehen (z.B. Gefahrensituation, kleine Kinder, anderer Hund etc.), lässt sich an einer

Schlaufe/einem Griff am Hundehalsband eine Hundeleine herausziehen. Ist die Gefahr gebannt, kann man die Leine wieder im Halsband verschwinden lassen. Eine praktische Sache für Hund und Halter.

Joggingleine

Jogging-Hundeleinen sind Hundeleinen mit extremer Flexibilität. Ein ruckartiges Ziehen oder plötzliches Stehenbleiben des Hundes wird durch eine spezielle Expanderleine abgefedert. Eine Jogging- Hundeleine ist auch ideal geeignet, um den Hund am Fahrrad zu führen.

Hofleine mit Feder

Für Hofhunde die viel an der Kette liegen, gibt es seit einigen Jahren so genannte Sprungfeder-Hundeleinen. Eine integrierte Sprungfeder verhindert das ruckartige Würgen beim unkontrollierten Zerren, Springen und Laufen an der Hofleine.

Hundegeschirr

Viele Hundebesitzer verzichten auf das traditionelle Hundehalsband und kaufen ihrem Hund ein Hundegeschirr. Ein Hundegeschirr wird am Brustbereich des Hundes angelegt. Hierdurch verteilt sich die Zugkraft beim Ziehen an der Hundeleine über das Hundegeschirr auf den gesamten Körper des Hundes. Das Würgen am Hals entfällt. Ein Hundegeschirr bekommt man in verschiedenen Ausführungen. Es gibt Hundegeschirr-Varianten mit zusätzlichen Polsterungen (z.B. aus Vlies).

Erziehungs-Hundegeschirre geben beim Fehlverhalten des Hundes leichten Druck ab. Beim Schlittenhunderennen wird das sportliche Hunde-Zuggeschirr verwendet.

Gentle-Leader

Ein Gentle-Leader ist eine Art Hundegeschirr für den Kopfbereich des Hundes. Durch Ziehen an der Hundeleine erreicht der Hundehalter eine rasche

Korrektur der Kopfhaltung des Hundes. Die meisten Gentle-Leader sind aus Leder-Material.

Autosicherheitsgeschirr

Hunde gelten in Deutschland als Ladung. Und eine Ladung im Auto ist zu sichern. Zur Sicherung für Hunde gibt es seit geraumer Zeit das Autosicherheitsgeschirr. Das Sicherheits-Hundegeschirr wird i.d.R. an der Sicherheitsgurtvorrichtung auf dem Rücksitz eines PKW montiert. Bei einer Vollbremsung fängt das Sicherheits-Hundegeschirr den Hund auf. So wird er nicht zum gefährlichen Geschoss. Weiterer Vorteil: Der Hund kann den Fahrzeugführer während der Fahrt nicht behindern.

Für Hunde die in Deutschland nicht ausreichend gesichert sind, erhebt die Polizei eine Geldstrafe ab 35 Euro.

Adressanhänger

Alle Tiermärkte und Zoohandlungen führen unterschiedliche Adressanhänger für das Hundehalsband oder Hundegeschirr. Hier gibt es kleine Röhrchen zum Verschrauben oder Lederherzchen als Anhänger. Besonders praktisch sind kleine wasserfeste Halsband-Taschen (Größe einer Streichholzschachtel), die mit einer integrierten Schlaufe fest an das Hundehalsband oder Hundegeschirr befestigt werden können.

Für ergänzende Hinweise und Tipps zu dieser Hundeartikel-Seite bzw. zu den einzelnen Hundeartikel-Beschreibungen wie Hundeleine, Hundehalsband, Hundegeschirr, senden Sie uns bitte eine E-Mail unter dem Stichwort/Betreff „Hundeleinen".

Fressnäpfe

Näpfevielfalt: Hundenapf für unterwegs oder Designernapf? Alles ist möglich.

Fressnapf- bzw. Hundenapf-Hersteller haben sich einiges in Sachen Näpfe einfallen lassen. Hundehalter, die auf der Suche nach einem geeigneten Fressnapf sind, werden nicht enttäuscht. Sie haben die freie Wahl zwischen Näpfen aus Edelstahl, Kunststoff, Keramik oder Fressnäpfen aus Nylon. Ob Designer-Hundenapf für daheim oder Fressnapf-Reisesets: Das Angebot an

Fressnäpfen ist sehr vielfältig, und viele Fressnapf-Varianten zeugen von Kreativität und eindrucksvollem Ideenreichtum.

Fressnäpfe für den Boden

Bodennäpfe findet man in jeder Tierhandlung. Es gibt sie in verschiedenen Größen, Designs und Farben. Das Wichtigste an einem Bodennapf ist der Gummistandring am Boden des Napfes. Der Standring verhindert ein Rutschen des Fressnapfes. Hierdurch wird verhindert, dass Ihr Hund den Fressnapf durch die gesamte Wohnung schiebt und das Hundefutter aus dem Hundenapf herausfällt. Einige Boden-Näpfe haben Griffe. Das ist besonders praktisch, da sich auf diese Weise der Hundehalter beim Füllen der Napfschalen nicht mit Hundenahrung bekleckert.

Höhenverstellbarer Hundenapf (Hundebar)

Der höhenverstellbare Fressnapf / Standnapf hat eine sehr wichtige Funktion. Er schützt Hunde vor Rückenleiden, die sie sich beim täglichen Fressen aus Bodennäpfen zuziehen können. Ein Fressnapf, der auf die richtige Höhe des Hundes eingestellt ist, unterstützt die Skelett- und Muskelhaltung des Hundes. Empfehlenswert ist ein Hundenapf, der höhenverstellbar ist und mit dem Hund wächst. Eine moderne Hundebar mit höhenverstellbarem Fressnapf besitzt außerdem einen verzinkten Ständer und einen Spritzschutz für Wand und Boden. Einige Futternäpfe sind zudem seitlich schwenkbar.

Gitter-Fressnapf

Gitterfressnäpfe sind Fressnäpfe, die mit einer speziellen Vorrichtung an ein Gitter (z.B. Hundezwinger) oder an eine Wand befestigt werden können. Gitternäpfe verfügen über eine Gegenplatte, die mit Schrauben auf der anderen Seite des Gitters befestigt wird und den Napfhalter fixiert. Bei Wandbefestigungen wird i.d.R. eine Konsole mitgeliefert, an der der Hundenapf eingehängt werden kann. Wir empfehlen Gitternäpfe mit speziellen Sicherungen für die Fixierung der Napfschalen, damit die Fressnäpfe nicht aus der Halterung fallen.

Vorratstränke

Vorratstränken verhindern ein ständiges Nachfüllen des Wassernapfes. Tränkensysteme dosieren die Wasserzufuhr und sorgen fortlaufend für frisches Wasser. Es wird von der Vorratstränke automatisch immer nur so viel Wasser nachgefüllt, wie der Hund dem Napf entnimmt. Somit bleibt der Wasserpegel immer konstant. Eine praktische Sache, besonders an heißen Tagen, wenn der Hund viel Wasser benötigt. Es gibt Vorratstränken in verschiedenen Ausführungen. Vorratstränken bekommen Sie als Standnäpfe oder zur Montage für einen Zwinger.

Vorratsbehälter gibt es vom 0,5-Liter Behälter bis zum 5 Liter-Kanister.

Welpentheke

Eine Welpentheke ist vergleichbar mit einem großen Teller, von dem mehrere Welpen fressen können. Der Fressteller hat in der Mitte eine Tragestange, um das Futtergerät transportieren zu können. Dadurch, dass die Welpentheke zeitgleich mehreren Welpen Zugang bietet, wird das soziale Verhalten der Welpen gefördert. Durch das gemeinsame und ruhige Fressen werden

Aggressionen wie Fressneid und böse Auseinandersetzungen schon im Welpenalter verhindert. Welpentheken sind praktisch und zugleich die ideale (pädagogische) Lösung für Hundezüchter und Hundehalter mit „Großfamilien".

Designer-Hundenapf

Was es für Menschen gibt, gibt es natürlich auch für Hunde: Designerstücke. Ein Designer-Fressnapf verschönert die Wohnung. Ihn gibt es in modischen oder schillernden Farben und mit zahlreichen Motiven. Wie wär's mit einem Fressnapf-Design im Hund- oder Katze-Format? Hierbei sind Wasser- und Fressnapf (einmal Katze, einmal Hund) in den Rücken der nachgebauten Vierbeiner eingelassen.

Moderne Hundebars integrieren Fressnapf und Wasserschale in einer Kompaktbaranlage. Eine solche Baranlage verfügt über eine klappbare Rückwand als Spritzschutz. Sie fügt sich farblich und im Design zu den vielen anderen modernen Küchen- und Haushaltgeräten.

Wenn Sie besonderen Wert auf das Design der Futternäpfe legen, dann nehmen Sie sich Zeit bei der Suche und überstürzen Sie nichts. Auf dem Markt der Designernäpfe finden bestimmt auch Sie einen schicken Fressnapf passend zu Ihrer Wohnungseinrichtung.

Falt-Fressnapf

Ein faltbarer Hundenapf für Fressen und Wasser sollte jeder reisende Hundehalter mit sich führen. Der faltbare Fressnapf ist i.d.R. aus Nylon.

Innerhalb des Nylonbezugs ist eine wasserfeste PVC-Folie eingenäht. Dieser abwaschbare Fressnapf kann nach der Fütterung bequem zusammengerollt werden und findet Platz in jede Hosentasche. Eine praktische Angelegenheit für unterwegs an heißen Tagen. Faltbare Näpfe gibt es in allen Farben, Größen und in unterschiedlichen Designs.

Auslaufsichere Näpfe

Auslaufsichere Hundenäpfe sind die ideale Lösung für Autofahrten. Der Kunststoff-Hundenapf ist so konstruiert, dass bei holprigen Fahrverhalten (z.B. scharfe Kurven, Bremsungen) kein Wasser auslaufen kann. Auslaufsichere Hundenäpfe schützen somit Ihren Wagen oder andere Untergründe vor Wasserschäden.

Reiseset-Koffernapf

Wenn es auf Reisen geht, hat jedes Familienmitglied seinen eigenen Koffer. So auch der Hund. Das Fressnapf-Reiseset für Hunde bietet einen integrierten Fressnapf und einen Hundenapf für Wasser. Mehr noch: Um diese Näpfe zu füllen, beinhaltet der Hunde-Reisekoffer einen eingebauten Fressbehälter und Wassertank. Nach einer Fress- bzw. Trinkpause wird der Koffer einfach wieder zusammengeklappt und die Reise kann fortgesetzt werden.

Vorratsdose

Vorratsdosen sind für alle Futterartikel erhältlich. In ihnen kann man das normale Hundefutter oder auch Leckerlis aufbewahren. Hochwertige Vorratsdosen sind luftdicht verschließbar. Das ist sehr wichtig, weil die Hundenahrung so auch längere Zeit frisch bleibt. Achten Sie deshalb beim Kauf einer Vorratsdose für Hundefutter auf die Gewährleistung der Aromadichte.

Ständer

Hundehalter, die sich zunächst nur für Bodennäpfe entscheiden, können sich auch später die passenden Ständer dazukaufen. Die Napfständer sollten für die Fresshöhe Ihres Hundes höhenverstellbar (achten Sie auf die Maße) und stabil sein. Beachten Sie, dass die Näpfe fest in der Halterung installiert werden können. Andernfalls riskieren Sie ein Klappern und Klirren, das auf Dauer sehr nervenaufreibend sein kann.

Unterlagen

Bodenunterlagen sind fester Bestandteil der Zubehörabteilung. Fressnapf-Bodenunterlagen schützen den Wohnbereich vor Beschmutzungen durch Hundefutter und Wasserschäden. Hundenapf-Unterlagen sollten einen gummierten Untergrund haben, damit ein Rutschen der Näpfe während des Fress- und Trinkvorgangs verhindert wird. Hundehalter sollten beim Kauf der Fressnapf-Bodenunterlage darauf achten, dass diese leicht zu reinigen ist (abwaschbare Fläche).

Hundezubehör bzw. Hundebedarf gibt es reichlich. Doch was ist wirklich wichtig? Nutzen Sie die Zeit der Vorfreude auf Ihren Hund und kaufen Sie sinnvolles Hundezubehör. Zahlreiche Tierhandlungen reißen sich darum, Ihnen Hundebedarf-Artikel zu verkaufen. In den folgenden Abschnitten erklären wir, warum die Hundehütte, Hundeboxen / Hundegitter, das Hundebett bzw. der Hundekorb und Hundespielzeug zu den ersten wichtigen Anschaffungen gehören sollten.

Hundehütte

Sofern Sie planen, Ihren Hund viel im Garten laufen zu lassen, denken Sie an eine gute Hundehütte. Eine Hundehütte ist ein wichtiges Hundezubehör, weil sie dem Hund Schutz vor "Wind und Wetter" gibt.

Ähnlich wie der Hundekorb bzw. das Hundebett in der Wohnung, gewährleistet die Hundehütte im Garten eine optimale Rückzugsmöglichkeit für den Hund. Achten Sie beim Kauf darauf, dass die Hundehütte die richtige Größe hat. Kaufen Sie im Zweifelsfalle lieber eine etwas größere Hundehütte. Die Hundehütte darf keine scharfen Kanten und

Ecken haben. Sie muss aus wetterfestem Material
(z.B. behandeltes Holz) und stabil sein.

Stellen Sie die Hundehütte nicht an extremen
Standorten auf. Denken Sie in diesem
Zusammenhang an Feuchtigkeit, extreme
Sonneneinstrahlung und Wind. Denn auch Ihr Hund
möchte einen gemütlichen Aufenthaltsort, an dem
er sich wohl fühlt.

Zum Thema „Hundehütte" möchten wir noch
anmerken, dass

    1.)   eine Hundehütte im Garten kein
Daueraufenthaltsort sein sollte.

Hunde möchten bei Ihren Menschen sein und nicht
allein im Garten!

    2.)   ein schöner Garten und eine noch
schönere Hundehütte den Auslauf nicht
ersetzen. Der Hund ist zwar gerne im Garten,
weil er die frische Luft liebt, aber er benötigt
trotzdem viel Bewegung außerhalb des Gartens.
(Ein Hofhund benötigt genauso viel Auslauf wie
ein Hund, der in einer Etagenwohnung lebt.)

Hundeboxen / Hundegitter

Hundeboxen und Hundegitter gewährleisten in erster Linie die Sicherheit für Sie und Ihren Hund während der Autofahrt.

Hundeboxen

Hundeboxen verhindern, dass aus Ihrem Hund, im Falle einer Bremsung, ein lebendes Geschoß wird. Hundeboxen schützen Sie und Ihren Hund somit vor Verletzungen. Hundeboxen sind stabile Käfige, die exakt in den Kofferraum Ihres PKW passen. Hierdurch wird sichergestellt, dass auch die Hundeboxen im Falle einer Vollbremsung nicht durch den Innenraum fliegen. Viele Hersteller von Hundeboxen bieten deshalb auch passgenaue Fertigungen für alle PKW-Typen.

Hundeboxen halten den Wagen sauber (z.B. Schmutz, Erbrochenes, Urin, Hundehaare oder Hundekot) und schützen ihn vor Beschädigungen (z.B. kaputte Polster, Kratzer, Feuchtigkeit, etc.). Aus diesem Grund sollten Sie Sie Hundeboxen wählen, die leicht zu reinigen sind. Hundeboxen bestehen in den meisten Fällen aus leichtem Aluminium.

Das lässt sich sehr gut reinigen und ermöglicht
außerdem ein einfaches Auswechseln der
Hundebox. Noch praktischer sind stabile und
klappbare Hundeboxen mit einem geringen
Eigengewicht. Achten Sie beim Kauf darauf, dass die
Hundeboxen keine scharfen Kanten und Ecken
haben (Verletzungsgefahr für den Hund). Ebenso
wichtig ist die Gewährleistung von Licht und frischer
Luftzufuhr. Hundeboxen sollten in jedem Fall
wasser-, wärme- und kälteabweisend sein.

Hundegitter

Hundegitter sollten ebenfalls den Schutz des
Hundes und der Insassen eines Autos
gewährleisten. Leider erfüllen die meisten dieser
Hundegitter diese Funktion jedoch nur
unzureichend. Grundsätzlich raten wir von
einfachen Hundenetzen ab. Viele Kombi-Modelle
verfügen über serienmäßige Hundenetze /
Hundegitter (meist aus Plastik).

Diese Vorrichtungen halten im Falle einer
Notbremsung der Durchschlagkraft des Hundes
nicht stand. Die Hundenetze zerreißen sehr schnell,
und der Hund wird als lebendes Geschoss Richtung

Führerhaus katapultiert. Bei diesen Netzen handelt es sich im Grunde vor allem um eine optische Täuschung. Die große Wucht bei einem Unfall wird hier von sehr vielen Leuten deutlich unterschätzt.

Effektiver dagegen sind stabile Gitter, meist aus Aluminium oder Stahl. Sie werden mit Schrauben an die Karosserie befestigt. Ein Schleudern ins Führerhaus wird somit ausgeschlossen. Bei einer Vollbremsung wird der Hund gegen das Gitter geschleudert. Leider kann sich der Hund hierbei erhebliche Verletzungen zufügen.

Hundezubehör Tipp: Ich möchte Ihnen das Gurt-Hundegitter empfehlen. Dieses TÜV-geprüfte Hundegitter ist ein aus Gurtmaterial geflochtenes Gitter mit hoher Elastizität. Die einzelnen Gurte sind an einem stabilen Hohlrahmen befestigt. Ähnlich wie bei einem starren Hundegitter aus Metall wird der Rahmen des Gurt-Hundegitters mit der

Karosserie des Fahrzeugs verbunden. Im Falle eines Aufpralls wird der Hund sanft von dem Gurtsystem aufgefangen. Das Verletzungsrisiko ist bei diesem Hundegitter deutlich geringer als beim Traditionellen. Die beschriebenen Hunde-Trenngitter gibt es günstig in allen bekannten

Hundezubehör- und Tierfachgeschäften zu erwerben.

Hundespielzeug: 5 Tipps für sinnvolles Spielzeug

Wie Kinder benötigen auch Hunde Spielzeug. Hundespielzeug ist gerade im Welpenalter „pädagogisch wertvoll". Die jungen Welpen tasten, fühlen und schnüffeln die unterschiedlichen Materialien und lernen sie kennen. Durch Hundespielzeug lernen sie sich zu beschäftigen und die nonverbale Kommunikation mit ihrem Halter. Hundespielzeug sollte über keine scharfkantige Oberfläche verfügen, um das Verletzungsrisiko auszuschließen. Hundespielzeug sollte stabil sein und muss der Größe des Hundes angepasst sein. Das Spielzeug muss ungiftig und speichelfest sein. Erhalten Sie fünf Tipps für sinnvolles Hundezubehör im Bereich Hundespielzeug:

✓ Stabiler Ball aus Hartgummi (für alle Orte wie Wald, Garten und Wohnung)

✓ Leckerli-Ball (ein Ball aus Kunststoff mit einer veränderbaren

Öffnung. Durch diese Öffnung können Leckerlis unterschiedlicher Größen eingefüllt werden. Durch

Anstupsen mit der Schnauze oder der Pfote bewegt sich der Ball, und während er rollt, fallen Leckerlis heraus. Der Hund hat ein Erfolgserlebnis und wird den Ball weiterrollen bis das nächste Leckerli herausfällt, usw. Das ideale Hundespielzeug.)

✓	Frisbeescheibe aus weichem Stoff (zum Fangen mit der Schnauze)

✓	Ballwurfschleuder (quasi ein verlängerter Arm mit einer Schale, in der ein Tennisball eingelegt wird. Durch starkes Ausholen bekommt das Ende der Kelle so viel Beschleunigung, dass der Ball automatisch mit sehr hoher Geschwindigkeit aus der Kunststoffhalterung der Kelle geschleudert wird. Mit der Ballwurfschleuder kann man doppelt soweit werfen wie normalerweise mit dem Arm.

✓	Stoffknäuel (Kaufen Sie ein stabiles Stoffknäuel. Hunde können an ihm zerren, auf ihm kauen und es apportieren. Ein Stoffknäuel ist ein vielseitiges Hundespielzeug, dass in keinem Hundehaushalt fehlen sollte)

Hundebett / Hundekorb

Ein Hundekorb oder Hundebett ist natürlich eine der wichtigsten Hundebedarf-Anschaffungen. Ein Hundekorb bzw. Hundebett benötigt der Hund zum Schlafen und als Rückzugsmöglichkeit, wenn er allein sein möchte. Ein Hundekorb / Hundebett erhalten Sie in verschiedenen Ausführungen und Größen.

Häufig werden Kunststoffbetten bevorzugt. Sie lassen sich schnell und unkompliziert reinigen und besitzen eine lange Haltbarkeit. Natürlich gibt es Hundebetten auch aus Korbmaterial und Holz. Damit es Ihr Hund bequem hat, können Sie ihm auch eine für das Hundebett / den Hundekorb passende Hundedecke kaufen. Stellen Sie das Hundebett etwas abseits in eine Ecke, an der es nicht stört, aber nicht zu weit ins Abseits. Denn Ihr Hund will möglichst „alles im Blick" haben.

Mehr Informationen zu Hundezubehör / Hundebedarf wie z.B. Hundehütte, Hundeboxen, Hundegitter, Hundespielzeug, Hundebett, Hundekorb u.v.m. erhalten Sie bei unseren Linkpartnern.

Hunde sind nicht gern allein. Sie möchten am liebsten immer bei ihrem Herrchen oder bei ihrem Frauchen sein. Neue Hundebox-Erfindungen und moderne Technik machen einen unkomplizierten Hundetransport möglich. Ob Hundebox (Hundetransportbox) oder Hundeanhänger (Hundetransportanhänger) - für den Hundetransport gibt es zahlreiche Varianten. Da gibt es die traditionelle Hundebox für den PKW, den Hundeanhänger für Fahrräder, den Hundetransportanhänger für Autos oder die Hundetransportbox für Flugreisen. Für jede Transportart existiert eine spezielle Hundebox. Hier eine Übersicht:

Hundeanhänger für das Fahrrad

Hundeanhänger für das Fahrrad sind seit Jahren ein wahrer Verkaufsschlager. Moderne Hundeanhänger bestehen aus einem leichten Alu-Fahrgestell und einem zeltähnlichen Aufbau (Hundetransportbox aus Zeltstoff). Beide Teile sind i.d.R. auch separat bestellbar. Hundeanhänger gibt es in verschiedenen Größen und Farben.

Für den Hundetransport ist es wichtig, dass der Aufbau über einen Wind- und Regenschutz verfügt. Die Hundebox sollte geräumig und von allen Seiten belüftet sein. Hochwertige Hundeanhänger verfügen über einen Aufbau mit Fenstern zu allen Seiten. Der Hundeanhänger bzw. die Hundetransportbox sollten für den Hund leicht zu besteigen sein. Bei den neuesten Modellen ist der Hundetransportanhänger komplett zerlegbar.

Das bedeutet, die Räder (i.d.R. 20") sind kinderleicht, übrigens ohne schmutzige Hände, abmontierbar und der Aufbau/die Hundebox kann als Hundehütte anderweitig Verwendung finden. Die Fahrradanhänger sind deshalb eine praktische Sache auch für Reisen mit dem Auto oder dem Wohnmobil. Hundeanhänger bekommt man komplett und neuwertig ab ca. 290 Euro (Aufbau ca. 90 €, Fahrgestell ca. 200 €).

Hundebox für den PKW

Eine PKW-Box wird, meist in Kombi-Fahrzeugen, im Kofferraum aufgestellt. Die Auto-Hundetransportbox verhindert, dass aus Ihrem Hund, im Falle einer Bremsung, ein lebendes Geschoß wird. Eine Hundetransportbox schützt somit, wie das Hundegitter, nicht nur den Hund, sondern auch alle anderen Fahrzeuginsassen.

Am besten ist, Sie lassen sich eine Box für Ihren PKW passgenau anfertigen. Dann können Sie sichergehen, dass die Hundetransportbox bei einer Bremsung nicht durch das Wageninnere fliegt oder ständig hin und her rutscht und das Auto beschädigt. Hundeboxen schützen den Wagen vor Verschmutzungen wie Urin, Kot, Hundehaare und Kratzer.

Achten Sie deshalb beim Kauf darauf, dass die Box leicht zu reinigen ist. Eine handelsübliche Hundetransportbox für Kombifahrzeuge besteht in den meisten Fällen aus Aluminium. Die Hundetransportbox für das Auto sollte keine scharfen Ecken und Kanten haben und gut zu belüften sein. Die Box sollte ebenso einen ausreichenden Lichteinfall ermöglichen. Als besonders praktisch hat sich das Modell der zerlegbaren Hundetransportbox erwiesen.

Die meisten Fluggesellschaften schreiben vor, dass Hunde ab einem bestimmten Körpergewicht (oft ab 5-6 Kg) nicht mehr im Passagierraum mitfliegen dürfen. Sie müssen den Flug in speziellen Flugboxen im Frachtraum des Flugzeuges überstehen. Flugboxen für Hunde werden auch als Pet Box oder Tiertransportcontainer betitelt. Flug-Hundeboxen bestehen aus Kunststoff und sind in unterschiedlichen Größen erhältlich.

Hundetransportboxen für Flugreisen kosten ca. ab 100 Euro. Sie werden meistens inkl. Hundenapf und Einlegeboden verkauft. Wie bei der Autobox ist auch hier besonders darauf zu achten, dass eine ausreichende Anzahl an Lüftungsschlitzen vorhanden ist. Die gängigen Modelle erfüllen jedoch alle tierschutzrechtlichen Anforderungen. Sollten Sie eine Flugreise mit Ihrem Hund planen, dann gewöhnen Sie ihm möglichst schon Monate vor Reiseantritt an die Hundebox. Der Hund muss sich darin sicher und wohl fühlen. Sollte der Hund mit der Hundebox nicht vertraut sein oder Angst vor ihr haben, drängen Sie ihn nicht. Geben Sie Ihren Hund dann lieber in eine Hundepension.

Wer schon einmal bei einer Hundesportveranstaltung oder Hundeausstellung war, kennt sie: Die Faltboxen für Hunde. Hier warten die Hunde bis zu Ihrem nächsten Einsatz bzw. Auftritt und ruhen sich aus. Eine Hundefaltbox ist sozusagen eine mobile Hundehütte für unterwegs. Die ideale Alternative für den (Camping-) Urlaub mit dem Hund. Faltboxen sind vergleichbar mit kleinen Zelten.

Sie verfügen über ein Gestell aus Aluminium, das sich samt Bezug kinderleicht zusammenklappen lässt. Der Nylon-Bezug bietet nach allen Richtungen Fensternetze für Frischluft. Faltboxen für Hunde sind meistens überaus praktisch konstruiert. So verfügt die zusammengefaltete Hundebox über einen Tragegriff und Rucksackschlaufen. Die Bezüge lassen sich vom Alu-Gestell entfernen und sind waschmaschinentauglich. Faltboxen kosten je nach Größe etwa zwischen 120 bis 150 Euro.

Hundeanhänger für PKW nutzen i.d.R. professionelle Hundehalter wie Hundezüchter, Hundeaussteller oder Hundesportfans, die mehrere Hunde besitzen. Es gibt Hundeanhänger mit bis zu 10 Hundeboxen für den Hundetransport. Jede Hundetransportbox des Hundeanhängers ist belüftet und hat Fenster. Hochwertige Hundeanhänger haben ein Hundebox-System mit Klimaanlage. So kann die Hundetransportbox im Winter beheizt und im Sommer gekühlt werden.

Hundetransportanhänger sind schallisoliert. Gute Anhänger verfügen über Gummifederachsen mit Einzelradaufhängung. Diese Hundeanhänger bieten eine besondere Laufruhe und einen angenehmen Fahrkomfort in der Hundetransportbox.

Kapitel 10

Plädoyer für den Hund

Kampfhunde bzw. die Kampfhund-Diskussionen schädigen das Ansehen von Hunden und Hundehaltern. Dabei sind Hunde nicht nur die treuesten Freunde, sondern vor allem sehr nützlich und oft sogar lebenswichtig für den Menschen. Man denke da z.B. an die Fähigkeiten der Jagdhunde oder an die wichtigen Aufgaben der Rettungshunde oder Blindenhunde. Die leidige Kampfhunde-Diskussion der letzten Jahre verdeckt all die hervorragenden Fähigkeiten und Funktionen der vielen Rettungshunde, Blindenhunde, Jagdhunde und anderen Gebrauchshunde – leider.

Die Öffentlichkeit schaut nur noch auf Kampfhunde und deren negative Eigenschaften und verallgemeinert. Durch die Kampfhunde-Diskussion sind alle Hunde in Misskredit geraten, egal ob Jagdhunde oder Hofhunde. Hunde werden zunehmend nur noch unter dem Gefahrenaspekt gesehen. Der große Nutzen, den Blindenhunde, Rettungshunde, Jagdhunde oder andere

Gebrauchshunde für Menschen erbringen, gerät zunehmend aus dem Blickfeld. Schlagen Sie sich mit mir auf die Seite der Hunde und informieren Sie auch andere Menschen über die wichtigen Aufgaben und Funktionen, die Hunde für Menschen erfüllen. Hunde brauchen uns als Lobby! Hier ein paar Argumente:

Wie Hunde Menschen helfen

Familienhunde

In Deutschland soll es ca. 6 Mio. Hunde geben. Die meisten davon sind Familienhunde (und nicht etwa Kampfhunde). Sie leben mit ihren Haltern in einer Wohnung oder in einem Haus und sind im Lebensalltag der Familienmitglieder integriert. Als Familienhund übernehmen Sie wichtige Aufgaben:

- ✓ Sie beschützen Haus und Hof

- ✓ Sie beschützen die Kinder und andere Familienmitglieder.

- ✓ Sie spielen mit den Kindern. Und das ist pädagogisch wertvoll. Denn Untersuchungen haben ergeben, dass Hunde bei jüngeren Menschen

Ordnungsliebe, Wissensdrang, Verantwortungs- und Selbstbewusstsein stärken.

✓ Sie halten die Familienmitglieder in körperlicher Bewegung (Gassigehen).

✓ Sie ermöglichen Kontakte zu anderen Menschen (z.B. in der Nachbarschaft) und lindern oder verhindern Einsamkeit. So manche Ehe oder Partnerschaft ist schon durch einen Hund zustande gekommen.

✓ Es ist wissenschaftlich nachgewiesen, dass Menschen mit Hunden länger leben als Menschen ohne Hund.

✓ Hunde spenden Trost, sind treu und wirken somit positiv auf die menschliche Psyche.

Jagdhunde

Jagdhunde gehören einer Hunderasse an, die seit eh und je Helfer des Jägers ist. Jagdhunde begleiten den Jäger und suchen das erlegte Tier auch an schwer erreichbaren Orten (z.B. hohes Gras). Es gibt spezielle Jagdhunde, die auch zur Wasserjagd abgerichtet sind. Jagdhunde sind sehr gute Apportierhunde. Aus diesem Grund sind Jagdhunde häufig hervorragende Sport- und Freizeitpartner der Menschen.

Blindenhunde/Blindenführhunde

Blindenhunde bzw. Blindenführhunde (offizielle Bezeichnung) sind in der Lage, blinden und sehbehinderten Menschen im Alltag zu helfen.

Blindenführhunde erkennen Treppenstufen, Bordsteine und sonstige Hindernisse. Blindenhunde können außerdem auf Kommando diverse Orte wie Fahrstühle, Treppen, Straßenübergänge oder Sitzgelegenheiten aufsuchen. Blindenführhunde verändern das Leben der sehbehinderten oder blinden Menschen von Grund auf. Diese Menschen haben mit Blindenführhunden zuverlässige Partner und Freunde gefunden. Außerdem bewahren die Blindenhunde Ihren Halter vor Einsamkeit und ermöglichen den Kontakt zu anderen Menschen. Für blinde Menschen ist das ein sehr wichtiger Aspekt. Oft ausgebildete Hunderassen: Golden Retriever, Labrador und Schäferhunde.

Rettungshunde

Rettungshunde sind in der Lage, Menschen zu orten, die unter Trümmern verschüttet sind (z.B. bei Erdbeben). Durch den Einsatz dieser speziell ausgebildeten Rettungshunde wurden bereits zahlreiche Menschenleben gerettet, da anschließend die Bergung und Rettung der Opfer schneller möglich war. Rettungshunde werden außerdem eingesetzt, um Vermisste zu suchen (z.B. entführte Kinder). Andere Rettungshunde retten lebende Personen vor dem Ertrinken. Oftmals übernehmen Rassen wie Jagdhunde diese Arbeit. Während der Debatten über die Kampfhunde werden diese Meisterleistungen der Hunde leider nie erwähnt.

Begleithunde

Begleithunde werden, ähnlich wie Blindenhunde, häufig als die „rechte Hand" bei Menschen mit körperlichen Behinderungen eingesetzt. Sie helfen Behinderten beispielsweise dabei, bestimmte Gegenstände zu holen oder wegzubringen (z.B. Telefon, Geldbörse etc.), Lichtschalter zu betätigen, oder sie öffnen und schließen Türen und

Schubläden. Begleithunde sind dazu ausgebildet, Menschen im Rollstuhl sicher durch den Straßenverkehr zu begleiten, Gegenstände zu tragen und im Notfall Hilfe zu holen. Sogar gehörlose Menschen profitieren von Begleithunden, denn die Hunde können akustische Signale wie z.B. Türklingel, das Telefonläuten oder einen Wecker übersetzen. Bei den genannten Fähigkeiten handelt es sich nur um Beispiele. Es ist schon verblüffend, wozu diese Hunde in der Lage sind. Typische Hunderassen sind der Golden Retriever, Labrador Retriever und der deutsche Schäferhund.

Lawinenhunde

Wer kennt ihn nicht: Den Bernhardiner mit dem Fass am Hals. Trotz aller moderner Ortungsgeräte und technischem Aufwand sind Lawinenhunde unverzichtbar zur Rettung von Verschütteten in den Bergen. Lawinenhunde haben einen unglaublichen Spürsinn und machen ihn für die Bergrettung unverzichtbar. Lawinenhunde retten jährlich viele Menschen vor dem Tod.

Schlittenhunde sind wahre Energiebündel und dienen Eskimos als Zug-, Last-, und Jagdtier. Als Arbeitstiere liegen ihnen das Ziehen von Lasten und das Laufen im Blut. Wenn aufgrund der Wetterbedingungen (z.B. Schneetreiben) die Technik versagt und Autos sowie Flugzeuge nicht eingesetzt werden können, springen die Schlittenhunde ein und transportieren Güter und Materialien in abgeschnittene Landstriche. Schlittenhunde haben auf diese Weise schon sehr vielen Menschen geholfen. Ohne Schlittenhunde wären heute viele Lebensräume nicht entdeckt und besiedelt.

Polizeihunde / Diensthunde

Polizeihunde und so genannte Diensthunde arbeiten bei der Polizei, der Bundeswehr, beim Zoll oder bei Sicherheitsdiensten. Sie werden in der Täter- und Strafverfolgung eingesetzt, als Spürhund zum Finden von Drogen und Waffen, bei Objektschutzmaßnahmen oder bei Großveranstaltungen wie z.B. Demonstrationen. Häufig eingesetzt werden Deutsche Schäferhunde, Rottweiler und Dobermann.

Hütehunde

Hütehunde oder Schäferhunde sind Herdegebrauchshunde, die Tierherden (Schafe, Rinder, Ziegen, Schweine) treiben und/oder zusammenhalten. Hütehunde müssen flink und selbstständig in der Lage sein, Entscheidungen zu treffen, um Ihren Arbeitsauftrag beim Hüten von Tierherden zu entsprechen. Zu den bekanntesten Hütehunden zählen der deutsche Schäferhund, der Border-Collie, Rottweiler und Sennenhunde.

Therapiehunde

Therapiehunde werden in Senioreneinrichtungen oder Behindertenstätten eingesetzt. Behindertenhunde sind speziell ausgebildet, auf die Bedürfnisse alter oder kranker Menschen einzugehen. Therapiehunde bringen Lebensfreude und Motivation. Diese positiven Aspekte beeinflussen Heilungsprozesse und steigern die allgemeine Lebensqualität der Betroffenen.

Nach neuesten Erkenntnissen amerikanischer Wissenschaftler sind Hunde in der Lage, Krebsgeschwüre im Frühstadium zu erschnüffeln.

Das Faszinierende daran: Die Hunde stellen die Krebszellen früher fest als Ärzte. Damit ist der Hund mit seiner empfindlichen Spürnase eine Art „Frühwarnsystem" bei Krebserkrankungen. Nach Ansicht der Ärzte, die mit diesen Hunden arbeiten, können Prostata-, Haut-, Lungen- und Brustkrebs frühzeitig erkannt werden. Auch Schlaganfall und Epilepsie sind von Hunden „vorherriechbar". Besonders prädestiniert sind Schäferhunde und Bernhardiner.

Fazit

Kampfhunde hin, Kampfhunde her – eines ist klar: Ob als Blindenhunde, Rettungshunde, Jagdhunde oder normale Familienhunde - Hunde dienen den Menschen in vielfältiger Weise. Eine pauschale Verurteilung aller Hunde und Hunderassen aufgrund einzelner tragischer Vorfälle durch so genannte Kampfhunde darf es trotz allem nicht geben. Während die Kampfhunde-Debatte geführt wird, sollten sich die Menschen und auch die Verantwortlichen der Boulevardpresse daran erinnern, dass viele Menschenleben täglich durch Hunde wie z.B. Rettungshunde gerettet werden. Sie sollten zur Kenntnis nehmen, dass viele Therapiehunde, Polizeihunde, Blindenhunde und Jagdhunde Gutes tun, damit wir Menschen gesund und sicher leben können.

Bonus: Urlaub mit dem Hund

Einleitung: Intensive Vorbereitung

Der Wunsch nach einem Hund ist oft schneller da, als dass man die Konsequenzen bedenkt. Ein ganzes Leben stellt sich plötzlich um. Man muss lieb gewordene Gewohnheiten über Bord werfen. So erging es einem frisch gebackenen Herrchen am ersten Tag. Der Hund durfte nicht mit in die Backstube zum allmorgendlichen Brötchenholen. An der Zahnarztpraxis prangte ein dickes Schild mit brav sitzendem Vierbeiner und rotem Balken quer durch. Wie selbstverständlich darf man plötzlich nicht mehr mit Dackel und Co in den Supermarkt marschieren – Schranken überall. Das Leben verändert sich kolossal. So auch bei der nächsten Frage:

Wohin fahren wir denn diesmal in Urlaub? Die Frage stellt sich nämlich plötzlich anders. Wohin können wir unseren Hund überhaupt mitnehmen, und welches Verkehrsmittel wählen wir am besten? Da schränkt sich mitunter der Aktionsradius schon gewaltig ein. Aber keine Sorge. Auch mit Hund kann man heutzutage fast überall Urlaub machen. Man muss ihn nur vorbereiten – und sich dafür Zeit nehmen. Denn mitunter erfordert es je nach Land ein halbes Jahr Vorbereitung. Es gibt inzwischen viele hundefreundliche Hotels und Pensionen. Ganz abgesehen von Restaurants, in denen die Besitzer oft selber (Wach-) Hunde halten.

Auch ins Ausland kann man Hunde mitnehmen. Man muss nur zuvor die entsprechenden Einreisebestimmungen genau studieren. Und da bietet sich das Internet als zuverlässige Quelle an. Wie gesagt, Reisen mit Hund erfordert ganz einfach eine viel intensivere Vorbereitung. Nichts ist unmöglich, wenn man den vorgeschriebenen Weg geht. Und bitte ja nicht erst auf die irre Idee kommen, den kleinen Schoßhund irgendwie durch die Barrieren zu schmuggeln. Das geht garantiert schief. Da ist es schlichtweg einfacher, sich etwas Zeit zu nehmen. Die Reise mit dem Vierbeiner muss gut organisiert sein. Man fährt ja auch nicht aufs Geratewohl so einfach für ein paar Wochen an die Riviera oder fliegt mal eben in die Dominikanische Republik. Selbst auf Schiffsreisen kann man unter Einschränkungen Hunde mitnehmen – nur gewusst wie. Aber, es gibt natürlich auch Empfehlungen dafür, wo und wie Sie am besten nicht mit Ihrem Hund Urlaub machen sollten. Dazu hilft Ihnen dieses Ebook, um auch die schönsten Wochen des Jahres unbeschadet und stressfrei zu erleben. Er gibt Ihnen nützliche Tipps und eine Checkliste für Ihren Urlaub mit Hund. Mit diesem Ratgeber haben Sie den ersten Schritt für einen erholsamen Urlaub zusammen mit Ihrem geliebten Vierbeiner getan. Denn auch Ihr Hund braucht Urlaub. Nun nehmen Sie sich die Zeit, Tipps und Anregungen aus diesem Ebook umzusetzen.

Die richtigen Vorbereitungen für den Urlaub mit Hund

Ihre ganz persönliche Checkliste

So wie jeder Mensch unterschiedliche Vorstellungen von seinem Urlaub hat, so plant auch jeder Hundehalter individuell. Der eine fühlt sich im Ferienhaus freier. Der andere mag die Annehmlichkeit eines Luxushotels mit Bedienung. Oder man liebt die Berge, das Meer, die Metropolen der Welt. Andere fühlen sich auf dem Meer in grenzenloser Freiheit. Ob Abenteuerurlaub oder Faulenzerwochen, alles will richtig vorbereitet sein. Und mit Hund muss man eben noch mehr bedenken.

Wichtig ist also die ganz persönliche Checkliste. Habe ich mich für ein Urlaubsziel entschieden, folgt sofort die Frage: Kann ich dorthin auch meinen Hund mitnehmen? Etwa in das ausgewählte Hotel oder in das Ferienhaus. Wenn diese Frage nicht sofort am Anfang steht, können alle Pläne und Überlegungen schnell wieder Makulatur werden. Als Hundehalter muss man noch viel mehr bedenken, etwa wenn ich ein Hotelzimmer gefunden habe. Darf ich meinen Hund auch mit ins Restaurant nehmen? Wenn nicht, wer passt auf den lieben Vierbeiner auf, oder bleibt er gar alleine im Zimmer?

Vielleicht will ich ja auch im Urlaub mal ein Konzert besuchen, in die Oper gehen oder nur shoppen. Was passiert dann mit meinem Hund? Bei der Faulenzervariante möchte ich bestimmt mal bequem am Strand liegen. Sind dort auch Hunde erlaubt? Oder möchte ich nicht auch für ein paar Stunden mal alleine sein und nicht immer den Ball für Kira werfen?

Alles Fragen, die gleich zu Beginn auf die Checkliste beim Urlaub mit Hund gehören. Und noch viel mehr. Wie reise ich denn? Mit dem Auto, der Bahn oder gar dem Flugzeug? Da wird es aber noch komplizierter. Und wenn ich ins Ausland will, welche Bestimmungen muss ich einhalten? Vor allem aber muss die Frage bedacht sein: Wie komme ich denn mit Hund wieder zurück nach Deutschland? Denn hier liegt häufig der Pferdefuß.

Die Europäische Union hat nämlich ganz besondere Bestimmungen zum Schutz ihres Einzugsbereichs erlassen. Zum Beispiel, dass Hunde ab demnächst unbedingt einen Chip unter ihrem Fell haben müssen. Ganz zu schweigen von einem lückenlosen Impfnachweis mit aktuellem Impfschutz. Sonst kommen Sie beziehungsweise Ihr Hund nicht so ohne Weiteres, jedenfalls nicht ohne Quarantäne, wieder ins eigene Land zurück. Und wer will seinem Hund schon einen wochenlangen Käfig in einer Quarantänestation am Flughafen zumuten? Manche Länder wie China zum Beispiel setzen generell alle Hunde, die ins Land mit einreisen sollen, unter eine 30-tägige Quarantäne. Da überlegt man doch schon, ob man unbedingt mit Hund ins Reich der Mitte verreisen möchte. Das alles gehört in die ganz persönliche Checkliste.

Der blaue Heimtierausweis der Europäischen Union

Der blaue Heimtierausweis der Europäischen Union (Pet Passport) ist inzwischen weltweit anerkannt. Er enthält alle wichtigen Daten über Halter und Hund – in Deutsch und auf Englisch. Vor allem aber die durchgeführten Impfungen und den aktuellen Impfschutz. Ganz wichtig ist dabei die Bestimmung des wirksamen Impfschutzes gegen Tollwut. Hat der Hund genug Antikörper gegen Tollwut im Blut? Dieser so genannte Titer muss in einem anerkannten Labor zuvor durch Blutentnahme beim Tier bestimmt werden.

Ein wirksamer Schutz gegen Maul- und Klauenseuche, Staupe und Würmer ist beim Hund ebenso wichtig. Aber er wird nicht unbedingt von allen Ländern verlangt. In der Regel wiederholt man die Impfung immer nach einem Jahr, die Wurmkur erfolgt alle halbe Jahre. Das garantiert einen dauerhaften Schutz. Dies alles ist im Hundepass dokumentiert. Ab 2012 müssen zudem alle Hunde in der Europäischen Union gechipt sein, bis dahin reicht auch eine entsprechende Tätowierung. Der Mikrochip wird bei Weibchen in die linke Halsseite des Hundes implantiert, bei Rüden in die rechte

Halsseite per Spritze unter die Haut gegeben.
Natürlich reist man als Europäer am einfachsten in
die Länder der Gemeinschaft – nicht nur, weil hier
die Standards ähnlich sind, sondern auch weil es am
unproblematischsten ist.

Die wichtigsten Bestimmungen im Ausland

Manche Länder wie Frankreich verlangen neben der
üblichen Leinenpflicht auch einen Maulkorb. Das
muss man vor Antritt der Reise wissen. In südlichen
Ländern sind bestimmte Krankheitserreger wie die
Sandfliege zu beachten. Sie kann nicht nur bei
Hunden zu ernsthaften Krankheiten führen. Auch
auf Menschen überträgt die kleine Fliege Parasiten.
Vorher sollte man sich also generell nach
Gefahrenquellen im Ausland erkundigen. Hier hilft
auch die Seite des Auswärtigen Amtes in Berlin. Sie
gibt spezielle Auskünfte zu einzelnen Ländern:

http://www.auswaertiges-amt.de

Oft ist besondere Vorsicht geboten. Auch Zecken
sind in südlichen Ländern eher anzutreffen. Manche
Länder verlangen auch einen vom Tierarzt
beglaubigten Zeckenschutz kurz vor Antritt der

Reise, manche auch eine Wurmkur. Generell lohnt es sich, immer auch die aktuellen Hinweise der jeweiligen Länder selbst einzusehen. Es gibt nämlich so unterschiedliche Bestimmungen. Nur eine Feinheit: Wer beispielsweise mit seinem Hund nach Paraguay reist, muss als Transitpassagier in der Regel Zwischenstopp in Brasilien einlegen (auch Argentinien, Chile, Bolivien oder Lateinamerika sind möglich).

Bleibt der Reisende nur im Transitbereich, sind keine besonderen Vorkehrungen zu treffen. Verlässt er ihn aber, etwa weil der Zwischenaufenthalt zehn Stunden dauert, muss er zuvor beim brasilianischen Generalkonsulat in Frankfurt oder einer anderen Stelle den Tierpass beglaubigen lassen. Auch verlangt Paraguay beispielsweise zuvor eine Beglaubigung der Tierdokumente durch die Botschaft in Berlin. Dafür müssen sie erst einmal ins Spanische übersetzt werden. Alles Feinheiten, die es zu beachten gilt. Es ist also gar nicht so einfach, mit Hund zu verreisen.

Die Bestimmungen für Einreise von Hunden in die am meisten gewählten Urlaubsländer

Auf den folgenden nützlichen Websites finden Sie zusammengefasst Bestimmungen für die Einreise von Hunden in häufig gewählte Reiseländer:

http://www.tierschutzbund.de

http://www.tierpro.de

http://www.globocam.de

http://www.top-info.ch

Sonderregelungen Australien
http://www.affa.gov.au/

Sonderregelungen England http://www.tierpro.de

Da sich aber auch die Bestimmungen immer aktualisieren können, vergewissern Sie sich immer über die aktuelle Lage. Schauen Sie ins Internet auf den genannten Seiten nach. Außerdem: Die gängigen Suchmaschinen bieten dazu neueste Informationen. Geben Sie zum Beispiel ein „Mit

Hund nach Spanien", oder „Reisen mit Hund", oder „Einreise mit Hund nach Österreich", oder „Hund nach USA". Sie werden dort gleich auf mehreren Seiten Bestimmungen finden.

Auf die Feinheiten kommt es manchmal an

Sehr wichtig sind auch die offiziellen Seiten der einzelnen Länder (in den Suchmaschinen Ländernamen eingeben und die offizielle Seite aufrufen). Sie enthalten in der Regel einen Link auf die Rubrik „Mitnahme von Tieren/Hunden". Im Zweifel rufen Sie die Botschaft oder das Generalkonsulat des Landes in Deutschland an. Aber auch das ist nicht immer Garant für abschließende gesicherte Infos.

So erging es dem Autor dieses Ebooks. Das brasilianische Generalkonsulat in Frankfurt konnte nicht autorisiert klären, ob eine offizielle Beglaubigung des Europäischen Heimtierausweises nur für den Transit nötig ist. Gesichert hätte man diese Auskunft nur durch einen Anruf bei der Nationalpolizei am Transitflughafen, in dem Fall in Sao Paulo, bekommen können. Manchmal wird der

Transport von Tieren auch nicht wirklich so heiß gegessen wie er gekocht wird. So kann es einem durchaus passieren, dass man dann plötzlich für die Einreise eines Hundes mehr als 600 Euro an einen teils zweifelhaften Service loswird.

Da wird man dann mit viel Aufhebens direkt an der Passkontrolle, die mit ein paar Dollar zuvor bestochen wurde, abgeholt. Ein bestellter Veterinär erscheint persönlich, der auch zuvor seine paar Dollar erhalten uns das Bestätigungsdokument schon vorher ausgestellt hat. Alles wird so getan, als sei es sehr geschäftsmäßig, wenn man dann auch an der Zollkontrolle vorbeigeschleust wird. Und man wundert sich dann, dass die vorher nicht abgeklärten 620 Euro verlangt werden, von zwielichtigen juristischen Büros, die oftmals keine offizielle Akkreditierung haben. Also der Rat: Wenn man solchen Service unbedingt in Anspruch nehmen will, vorher die Kosten abklären. Sonst gibt´s unliebsame Überraschungen. Und ob ein solcher Service überhaupt notwendig ist, wenn man sich an die offiziellen Regeln hält, ist obendrein zweifelhaft.

Wie gesagt, nichts wird so heiß gegessen, wie es offiziell gekocht wird. Das zeigt auch das Beispiel Frankfurter Flughafen. Da marschiert man doch glatt mit Kleinhund in einer unauffälligen Box unkontrolliert durch den Zoll und führt damit alle europäischen Anstrengungen zur Vermeidung von Seuchen ad absurdum. Lückenlose Kontrollen gibt es nirgendwo. Und wenn die Zöllner gerade mal keine Lust haben und ihren Plausch halten, na ja, dann geht halt eben alles so durch. Man darf es aber nicht darauf ankommen lassen. Und Roulett spielen wollen?

Weder beim Bestechungsgeld im Ausland noch bei der Hoffnung, man kommt schon irgendwie so durch. Im Zweifel hängt man in der Falle. Und das geht zu Lasten des Tieres, das unter Umständen dann 30 Tage lang in einer Quarantänestation bleiben muss. Lieber den korrekten Weg gehen, oder wenn es zu schwierig wird, notfalls ein anderes Reiseziel aussuchen.

Wie sind Klima und Umfeld im Reiseland?

Man sollte unbedingt auch einen Blick auf die Situation im Urlaubsland selbst werfen. Wie werden Hunde in Spanien oder Griechenland behandelt, was gelten sie in Südamerika oder Asien? Oft ist es nämlich so, dass Hunde in solchen Ländern eher auf der Straße anzutreffen sind, denn im Haus. Insofern können Spielkameraden dann auch ansteckend sein und Krankheiten übertragen. Generell gilt für südliche Länder, dass Hunde dort eher als zu lästige Plage angesehen werden. Man muss also vorher wissen, ob man seinen Vierbeiner einem solch unfreundlichen Klima aussetzen will. Apropos Klima: Auch die Temperatur spielt eine Rolle. Wie kommt ein Husky mit tropischen Temperaturen klar? Oder verträgt ein Pinscher arktische Kälte?

Und wo die Hunde wie in Südostasien gar auf der Speisekarte stehen, überlegt man sich dreimal, seinen Vierbeiner mitzunehmen oder gar überhaupt die Gegend ganz zu meiden. Auch übertriebener Lärm kann für Hunde Stress bedeuten. In manchen Ländern wird bei jeder Gelegenheit geknallt, ob Nationalfelertag oder Hochzeit. Erkundigen Sie sich und schützen Sie Ihren Hund vor solchem Stress. Lassen Sie ihn zu Hause. Setzen sie ihn nicht der direkten Lärmquelle aus. Dämpfen Sie die Knallerei durch etwas lautere Musik daheim. Lenken Sie Ihren Vierbeiner ab.

Manche Urlaubsgebiete wie Formentera im Mittelmeer oder Gomera im Atlantik erreichen Sie nur per Schiff beziehungsweise Fähre. Kann mein Hund mitreisen? Und noch ein genereller Hinweis für alle Urlaubsreisen mit Hund: Sollte Ihr Hund läufig sein, besorgen Sie sich ein entsprechendes Schutzhöschen, eine Art Pampers, damit Ihr Vierbeiner nicht unterwegs „ausläuft". Das könnte hier und da unangenehme Folgen haben…

Wie verreisen wir mit dem Hund?

Flugreisen mit Hund

Grundsätzlich gilt: Abweichend vom internationalen Recht hat jede Fluggesellschaft ihre eigenen Bestimmungen. Es gilt also, immer genau bei der Gesellschaft nachzufragen, mit der man fliegt. Internationales Recht ist es beispielsweise, dass ein Hund mindestens 72 Stunden vorher angemeldet werden muss. Schnellschüsse oder Last Minute Tickets für Hunde gibt es also in der Regel nicht.

Dennoch ist es ratsam, einen Hund so früh wie möglich anzumelden. Denn pro Flug kann nur eine bestimmte Anzahl von Hunden mitgenommen werden. Und heutzutage werden Flüge immer beliebter direkt online gebucht. Da ist es mitunter gar nicht so einfach, die Hundefrage mitzuklären.

Dafür fehlt einfach die entsprechende Rubrik im Internet. Hunde im Flieger sind immer noch eine Seltenheit. Deshalb kann man bei der Online-Buchung die Frage, buche ich nun oder nicht, von der Zustimmung zur Mitnahme eines Hundes leider nicht abhängig machen. Da muss man schon ein wenig Roulett spielen und hoffen, dass es klappt. Man sollte also sofort mit dem Veranstalter, dem Anbieter oder noch besser, direkt mit der Fluggesellschaft Kontakt aufnehmen.

Im Zweifel heißt es: Sie brauchen die schriftliche Zustimmung der Fluggesellschaft. Und dann muss auch eigentlich der Flugkapitän vor jedem Flug sein Einverständnis geben. Das ist aber eine eher theoretische rechtliche Absicherung. Lassen Sie sich also per Fax oder Email zuvor von der Fluggesellschaft die vereinbarte Mitnahme und die Konditionen schriftlich geben. Drucken Sie das aus und nehmen Sie es mit zu Ihren Reiseunterlagen. Lassen Sie sich auch die Masse der Box schriftlich geben.

Unter Umständen weiß der Check-In nicht, was die Gesellschaft vorgegeben hat. Sie ersparen sich beim Check-In so unter Umständen eine Menge Ärger und auch Zeit.

Und nicht jedes Flugzeug ist für den Transport von Tieren geeignet. Der Frachtraum muss nämlich klimatisiert sein. Daran scheitert es manchmal. In der Kabine dürfen Hunde bis maximal sechs Kilogramm Gewicht einschließlich der Box transportiert werden – wenn es sich nicht um ein Kleinflugzeug oder einen Learjet handelt. Die Box muss den Massen entsprechen, die die Fluggesellschaft vorgibt. Sie richtet sich nach der Art des eingesetzten Flugzeugs. Denn die Box muss unter den Sitz passen.

Der Hund darf während des Fluges die Box nicht verlassen. An der passenden Box ist schon so mancher Hundetransport gescheitert. Und versuchen Sie auf jeden Fall, die Dame oder den Herrn am Counter davon zu überzeugen, Ihnen einen Sitz zu reservieren, der nebenan noch einen Freiplatz berücksichtigt. Ganz anders ist es hingegen, wenn man den Hund im Frachtraum des Flugzeugs transportieren lässt. Auch hier gibt es genormte Masse. Man sollte sich im Zoofachhandel oder im Internet so genannte IATA-taugliche Boxen besorgen. Sie sind für den Luftverkehr genormt. Der Hund muss sich ausreichend in der Box bewegen und aufrecht stehen können. Außerdem sind ein Fressnapf und ein Wassernapf vorgeschrieben. Wer jedoch ganz sichergehen will, nutzt den Dienst von Tiertransportexperten wie zum Beispiel „Pet Air" am Frankfurter Flughafen.

Der ist zwar nicht ganz billig und entspricht in etwa dem Flugticketpreis für einen Erwachsenen. Aber die Experten wissen, wie der Vierbeiner und andere Tiere am besten von A nach B gebracht werden.

Im Übrigen sind die Preise für den Tiertransport unterschiedlich. In der Regel gilt hier die Abrechnung nach Übergepäck pro Kilogramm und als zusätzliches Gepäckstück.

Versuchen Sie es mal mit einem Charterflieger

Tipp: Versuchen Sie mit einem Charterflugzeug zu fliegen. Oftmals kostet der Hundetransport nur eine geringe Pauschale von ca. 150,- EUR im Gegensatz zu den Linienfliegern, die mal locker um die 40,- EUR pro Kg One-Way abkassieren. So können schon bei einem mittelgroßen Hund (z.B. Golden Retriever) mit 35 Kg plus 10 Kg Transportbox bis zu 1.800,00 EUR pro Strecke zusammenkommen. Also lieber erst mal bei den Urlaubsfliegern nachfragen!

Wer Glück hat, kommt mit einer Pauschale von 20 Euro für den Transport eines Kleinhundes in der Kabine davon. Wer Pech hat, zahlt das Extra Gepäckstück mit 120 Euro und eine zusätzliche Bearbeitungsgebühr sowie das Gewicht des Hundes samt Box als Übergepäck. Auch wenn man seinen Vierbeiner mit in die Kabine nimmt, muss man auf ausreichend Flüssigkeit achten.

Reist ein Hund im Flieger mit, gilt: Mindestens drei Stunden vor Abflug am Check-In sein! Vor Reiseantritt sollte der Hund nichts fressen, um auf dem Langstreckenflug nicht unbedingt ein duftendes Geschäft zu hinterlassen. Reist man als Transitpassagier mit Hundebox, dann darf der Hund auch in einigen Flughäfen die Box nicht verlassen, so zum Beispiel in Brasilien. Und wenn dann der Flug insgesamt rund 20 Stunden dauert, überlegt man sich schon, seinen Hund nur bei einem längeren Aufenthalt mitzunehmen. Schließlich bedeutet auch ein Flug für das Tier Stress.

Nur Direktflüge buchen

Grundsätzlich ist noch zu empfehlen, nur Direktflüge zu buchen, so dass es keine Umsteigesituation gibt. Erstens verlängert jeder Umstieg die Strapazen für den Hund. Zweitens weiß man nicht so genau, was mit dem Hund genau passiert. Es gab schon Fälle, da haben Gepäck-Arbeiter Hunde-Boxen einfach in der glühenden Mittagssonne stehen gelassen...

Autoreise mit dem Hund

Wer mit seinem Auto und Hund in Urlaub fährt, muss folgendes beachten: Kleinere Hunde gehören aus Sicherheitsgründen nicht auf den Schoss oder Sitz, sondern auf den Boden des Fahrzeugs. Größere Hunde müssen in den Fond des Autos, das durch ein geeignetes Abtrenngitter aus Stahl, Alu oder Netz fest verankert wird. Oder der Hund kommt auch hier in eine Box, so wie im Frachtraum eines Flugzeugs. Die Box muss aber ebenfalls fest verankert sein, damit sie beim plötzlichen Bremsen nicht zum Wurfgeschoss wird.

Es gibt für Reisen mit Hunden praktische Wasserspender. Sie kann man auch während der Fahrt nutzen. Sie sind hundgerecht, und man kann sie einfach dosieren. Wasser sollte man für den Hund unterwegs immer greifbar haben. Man weiß auch nie, wie die Qualität des Kranwassers unterwegs ist. Eine Reise mit Hund im Auto plant man. Suchen Sie vorher schon geeignete Zwischenstopps aus. Legen Sie Rastplätze fest, wo sich auch Ihr Hund ein wenig austoben kann. Man plant ja auch seine eigene Urlaubsreise so, dass man möglichst entspannt ankommt. Warum nicht auch so für den Hund.

Es gibt im Internet verschiedene Routenplaner. Dort finden Sie auch Rastplätze beschrieben und auch besonders hundefreundliche obendrein. Und schützen Sie Ihren Vierbeiner im Auto vor allzu starker Hitze und Sonne. Bieten Sie ihm ausreichend Gelegenheit zum Gassi gehen. Ihr Hund kommt mit häufigeren Pausen auch entspannter am Urlaubsort an. Ganz wichtig ist es auch, eine ihm vertraute Decke mitzunehmen. Oder ein Spielzeug. Oder ein Tuch, an dem er gerne zerrt. Das schafft Vertrautheit. Es nimmt die Angst vor etwas Neuem und Unbekanntem. Zeigen Sie Ihrem Tier, dass die Urlaubsreise nichts Ungewohntes ist. Mit dem

Spielzeug sagen Sie Ihm, wir unternehmen jetzt
etwas ganz Normales.

<u>Übrigens!</u>

Grundsätzlich gilt: Hunde müssen auf den Rücksitz
und gesichert werden. Bei mehr als zwei Hunden
gehören sie in den abgetrennten Fond des Wagens.

Wer sich nicht an die Vorschriften zur Mitnahme
von Hunden im Auto hält, kann mit einem Bußgeld
von 50,- bis 200,- Euro in Europa belegt werden.

Zugreisen mit Hund

Im Prinzip sind Zugreisen mit Hund
unproblematisch. Wenn die Abteilnachbarn
mitspielen. Haben Sie Platzkarten gebucht (für
Hunde können Sie keine Sitzplätze in der Bahn
reservieren!) und dabei Mitreisende erwischt, die
partout nicht mit ihrem Vierbeiner harmonieren,
müssen Sie sich irgendwie arrangieren. Dann hilft
nur noch, Ihren Hund bei Laune und bei sich zu
halten.

Wer von einem Hund nicht beschnüffelt oder berührt werden will, das müssen Sie schon akzeptieren. Oder wer sich gar fürchtet, da hilft dann nur, unter Umständen die Plätze zu tauschen. Bevor man sich stundenlang Stress macht. In der Regel aber werden Sie auf verständnisvolle Mitreisende treffen. Die kümmern sich vielleicht sogar um Ihren Vierbeiner. Sie sollten sich mit Hund Plätze in einem Großraum Abteil reservieren. Da haben Sie normalerweise zwei Sitze nebeneinander in einer Reihe. Oder schauen Sie, wo eventuell ein Abteil frei ist und belegen dort zwei Plätze.

Wer mit Hunden nichts am Hut hat, wird sich schon nicht zu Ihnen setzen. So planen Sie die Reise mit Hund geschickt stressfrei im Zug. Der Hund sollte aber bereits Zugfahrten gewohnt sein. Wenn nicht, trainieren Sie das rechtzeitig mit ihm. Vor allem darf er keine Angst davor haben, in den Zug einzusteigen. Eine besondere Barriere stellt der Weg vom Bahnsteig in den Zug dar – wie bei älteren Menschen. Daran müssen Sie Ihren Vierbeiner rechtzeitig gewöhnen, auch eventuell an das Fahren auf einer Rolltreppe. Ihr Hund sollte auch für Bahnfahrten ruhig und umgänglich sein. Bellt er nämlich unentwegt und hat Angst, kann das Mitreisende aus der Fasson bringen.

Hunde müssen während der gesamten Bahnfahrt angeschnallt bleiben. Ratsam ist auch die Mitnahme eines Maulkorbs. Manche Zuggesellschaften oder auch andere Länder verlangen das sogar ausdrücklich. Denken Sie bei längeren Zugfahrten daran, wie Sie Ihren Hund bei Laune halten. Vielleicht ist ein Kauknochen die geeignete Ablenkung. Oder ein Spielzeug. Sollten Sie längere Unterbrechungen haben, dann verlassen Sie ruhig mal den Zug und gehen mit ihm am Bahnsteig spazieren. Etwas Bewegung zwischendurch tut Ihnen Beiden gut. Zwölf Stunden vor Reiseantritt sollten Sie Ihrem Hund nichts mehr zu fressen geben und darauf achten, dass er noch mal Gassi gehen kann.

Ratsam ist es auch, ihren Hund vor einer längeren Zugreise zu ermüden. Machen Sie vorher einen längeren Spaziergang. Oder jagen Sie ihn durch den Wald. Spielen Sie intensiv mit einem Stock. So kann Ihr Vierbeiner die Zugfahrt im Schlaf erleben. Ratsam ist es auch, mit dem Hund eine Nachtfahrt im Zug zu buchen. Sie können sicherheitshalber Ihren Hund auch in der Box (70 mal 50 mal 30 Zentimeter) transportieren.

Erkundigen Sie sich vorher beim Reiseveranstalter oder der Bahngesellschaft, unter welchen Bedingungen das möglich ist. Bei großen Hunden müssen Sie bei der deutschen Bahn ein Ticket für Kinder bis 16 Jahren lösen, kleine Hunde in der Box unter dem Sitz reisen frei. Erkundigen Sie sich auf jeden Fall vor Reiseantritt nach den aktuellen Bestimmungen, die sich schnell ändern können.

Campingurlaub mit Hund

Campingurlaub ist nach wie vor beliebt. Auch Hundebesitzer fahren mit Wohnwagen oder Zelt in den Urlaub. Eine besondere Naturverbundenheit und das Gefühl von Freiheit, auch für den Vierbeiner, spielen hier eine Rolle. So wie die mitfahrenden Personen während der Fahrt nicht in den Wohnwagen gehören, so hat auch Pfiffi darin nichts zu suchen. Anders ist es, wenn Sie im Campingmobil oder –van verreisen. Aber auch hier sind besondere Vorsichtsmaßnahmen erforderlich, etwa während der Fahrt nichts auf den Tischen stehen zu lassen oder den Hund fest anzuleinen, am besten aber in einer fest verankerten Box zu transportieren. Damit er nicht zum Wurf- und Schleudergeschoss wird.

Für den Campingurlaub gibt es spezielle Plätze. Und jeder Platz hat seine eigenen Regeln. Hunde sind vor allem auf solchen Geländen anzuleinen. Das muss man wissen, bevor man sich für diese Variante entscheidet. Im Zweifel ruft man vorher am Platz an oder schaut ins Internet. Natürlich achten Camper auf die Sauberkeit ihres Platzes. Also muss man beim Gassi gehen wie eigentlich sonst auch immer sein Tütchen mit dabeihaben. Sollte der Vierbeiner nämlich mal sein Häufchen fallen lassen, bitte sofort einsammeln. Manche Campingplätze sind so hundefreundlich, dass sie sogar Hundetoiletten und Freilaufflächen bieten. Auch sollte Ihr Hund umgänglich und verträglich sein, nicht ständig kläffen, sonst stört das die Campergemeinschaft. Es gibt sogar Campingplätze, die einen eigenen Hundestrand anbieten. Und Luxuswohnwagen zum Mieten.

Tipp: Jedem guten Campingführer ist zu entnehmen, ob und wie Hunde dort Urlaub machen

können. Meistens ist so etwas mit einem
entsprechenden Symbol gekennzeichnet.

Schiffreisen mit Hund

Nichts ist unmöglich, auch nicht eine Schiffsreise mit
Hund auf dem Ozeanliner wie der Queen Mary 2
zum Beispiel. Wenngleich hier doch schon Probleme
auftauchen. Viele Veranstalter lehnen es rundweg
ab, Hunde mit an Bord zu nehmen. Denn bei einer
mehrtägigen Passage auf See ohne
Landunterbrechung stellt sich nicht nur die Frage:
„Wo gehe ich denn mit Hasso nun Gassi?"

Leicht ist der Vierbeiner in seinem Tatendrang auch
über Bord. Deshalb gilt Leinenzwang auf dem Schiff,
meistens auch Maulkorbzwang bei größeren
Hunden. Es sei denn, man hat seine eigene Kabine.
Da kann man seinen Hund dann auch freilaufen
lassen. Da Schiffsreisen heute immer noch zum Teil
Glanz und Glimmer verbreiten, etwa mit dem
berühmten Käpten´s Dinner, geht´s an Bord auch
meist etwas feiner zu. Da müssen sich dann auch
Waldi und Co. benehmen können. Mittlerweile gibt
es aber auch schon so genannte Clubschiffe wie die

Aida – vor allem für ein jüngeres und lockereres
Publikum.

Es gibt auch Schiffe, die eigene Hunderäume an
Bord haben. Hier können Herrchen und Frauchen
Bello dann so oft besuchen wie sie es wünschen.
Bevor man sich für eine Schiffsreise   entscheidet,
sollte man   ganz   genaue Informationen einholen.
Auch wenn Sie nur eine Fähre benutzen wollen,
selbst wenn Sie Ihr Auto mitnehmen und den Hund
im Wagen lassen, müssen Sie vorher die
Zustimmung der Gesellschaft einholen. Das kann
Ihnen unter Umständen den Urlaub ganz schön
verhageln, wenn der Weitertransport scheitert. Es
gibt Urlaubsinseln, die sind nur per Schiff zu
erreichen. Manchmal sogar auf relativ kleinen
Booten.

Professionelle Tiertransportunternehmen

Es gibt Profis für den Transport von Tieren. Im Internet finden Sie davon eine ganze Reihe. Sie sind spezialisiert darauf, Tiere jedweder Art überall in der Welt zu transportieren. Sie kennen auch die Einreisebestimmungen, wissen, was genau beachtet werden muss. Suchen Sie hier auf jeden Fall Rat.

Der Frankfurter Flughafen ist ein internationales Drehkreuz. Hier finden sich vor allem Luftfrachtfirmen, die Ihren Hund sicher an den Urlaubsort bringen, insbesondere nach Übersee. Oft koordinieren solche Firmen die Flüge so, dass Sie in zwei separaten Maschinen fast zeitgleich am Urlaubsort ankommen.

Hunde im klimatisierten Frachtraum

Denn Firmen wie Petair lassen Tiere in reinen Frachtmaschinen transportieren, die klimatisiert (oder luftverdichtet) sind. Etwa sechs Stunden vorher muss man bei einem solchen Service am Flughafen sein. Ein eigenes Freilaufgehege bietet den Tieren Relax-Gelegenheit. Sie werden mit Futter und Wasser versorgt. Und auf den mitunter langen Flug optimal vorbereitet. Allerdings gehören dazu keine Beruhigungsmittel. Fluggesellschaften wollen nur wache und ansprechbare Tiere transportieren. Die Meinungen sind hierüber geteilt. Während Tierärzte manchmal leichte Beruhigungsmittel mitgeben, wollen Flugkapitäne eher ganz normale Hunde transportieren.

Manchmal ist es besser, wenn Anton und Hasso eher verschlafen am Urlaubsort ankommen. Und von alledem möglichst wenig mitbekommen. Auf jeden Fall nicht auf eigene Faust handeln und schon mal gar nichts von den eigenen Angsthemmern Ihrem Hund etwas verabreichen. Konsultieren Sie Ihren Tierarzt. Der wird Ihnen schon den passenden Rat geben. Im Zweifel vertrauen Sie auch auf den Rat der Frachttransporteure. Die machen so etwas schließlich seit langem professionell.

Vorbereitungen für den Urlaub mit Hund (Zubehör, Organisatorisches, etc.)

Tierbox

Viel ist bereits von der Tierbox gesprochen worden. Sie ist vielleicht das Wichtigste für die Reise mit Hund überhaupt. Stressfrei ist die Box für alle. Sie muss der Größe Ihres Vierbeiners angepasst sein. In Regel heißt das: Der Hund muss in ihr aufrecht stehen und sich drehen können. Er soll genügend Luft bekommen.

Die Box muss bis auf den Boden, der einen nach oben gewölbten Rand von ein paar Zentimetern hat, an allen anderen Seiten Luftöffnungen haben. Der Rand dient dazu, dass nichts ausläuft, wenn Ihr Hund doch mal sein Geschäft machen muss. Ferner sind in der Box Wasser- und Futterbehälter (letzterer für längere Flüge im Frachtraum) zu installieren.

Die Box sollte eine Decke auf dem Boden haben, möglichst eine vom Duft her gewohnte. Der Hund soll einerseits nicht auf dem kahlen Plastikboden liegen. Anderseits soll ihm die Decke mit dem vertrauten Geruch Sicherheit auf Reisen geben. Sie ist so eine Art Herrchenersatz während der Reise.

Der Fressnapf

Denken Sie daran: Ihr Hund ist es gewohnt, jeden Tag aus einem bestimmten Fressnapf sein Futter zu sich zu nehmen. Packen Sie deshalb nach Möglichkeit diesen Napf mit ein, damit er sich nicht am Urlaubsort umgewöhnen muss. Sein Napf ist und bleibt sein Napf. Man sollte ja auch nicht einen fremden Hund aus dem Napf seines Vierbeiners fressen lassen.

Das merkt er sofort. Respektieren Sie das und nehmen Sie nach Möglichkeit seinen eigenen Napf mit in den Urlaub. Auch wenn das Hotel oder die Pension eigene Näpfe anbieten sollten. Sie schaffen so für Ihren Hund ein Gefühl der Nähe und Vertrautheit zu Bekanntem.

Auch Ihr Hund hat seine Gewohnheiten. Ganz besonders beim Schlafen. Er ist es gewohnt, sich in sein Bettchen zurückzuziehen. Hier fühlt er sich am wohlsten. Das ist sein Reich. Deshalb ist es am besten, wenn Sie dieses Bettchen mit in den Urlaub nehmen können. Wenn nicht, dann braucht er auf jeden Fall ein Reisebettchen als Ersatz.

Zeckenschutz und Wurmkur

Manche Länder verlangen es sogar, dass das Tier kurz vorher einen Zeckenschutz beim Tierarzt bekommt, manche auch eine Wurmkur. Sie können unabhängig davon ihrem Vierbeiner als Prophylaxe einen Zeckenschutz verabreichen. Oder nehmen Sie das Mittel auf jeden Fall mit. Die Wurmkur richtet sich nach dem aktuellen Schutz. Wenn der nicht mehr lange reicht, ist es ratsam, auch die Wurmkur zu erneuern.

Sonst nehmen Sie die Tabletten einfach mit.

Erkundigen Sie sich auch nach anderen Erregern im
Reisegebiet. Vielleicht sind dort Stechmücken,
Moskitos, Sandfliegen oder anderes Ungeziefer, auf
die Sie sich vorbereiten sollten. Nehmen Sie
entsprechende Mittel mit. Auch wenn Ihr Tier sonst
Medikamente regelmäßig einnimmt, denken Sie an
einen ausreichenden Vorrat. Es schadet auch nicht,
wenn Sie zur Vorsorge ein Flohhalsband einpacken.

Lieblingsspielzeug

Auch für Ihren Hund ist der Urlaubsort fremde
Umgebung. Er braucht Halt. Den geben Sie ihm mit
seinem Lieblingsspielzeug, einem vertrauten
Gegenstand aus dem eigenen Haus oder mit einer
Decke, seinem Bett oder einem Tuch.

Andere Länder, andere Sitten: Hundefutter

Denken Sie bitte auch an das vielleicht etwas andere Hundefutter vor Ort. Manchmal ist es ratsam, etwas vertrautes Trockenfutter oder heimische Leckerlis mitzunehmen. Es gibt zwar mittlerweile alle Qualitätsmarken an Hundefutter weltweit, aber sie müssen nicht den gleichen Geschmack haben. Das Futterproblem sollte nicht unterschätzt werden.

Maulkorb, Schlafkorb, Ball und Höschen

Denken Sie auch daran, dass manche Länder einen Maulkorb zur Pflicht machen. Dann suchen Sie rechtzeitig etwas Passendes aus und trainieren Sie schon mal ein wenig damit. Denken Sie an all das, was Sie sonst auch für Ihren Hund benötigen: Shampoo vielleicht, eine Bürste fürs Fell, den Schlafkorb, Spielzeug, einen Ball oder das Höschen, wenn Ihre Hundedame mal läufig werden sollte.

Und denken Sie auch an Reisekrankheiten bei Ihrem Hund.

Sie nehmen ja für sich selbst auch etwas gegen Übelkeit mit. Das kann auch Ihrem Vierbeiner passieren. Sprechen Sie vorher mit Ihrem Tierarzt darüber. Seien Sie also auf mögliche Hunde-Reisekrankheiten vorbereitet. Nehmen Sie also eine kleine Tierreiseapotheke mit. Darin sollte auch eine Spezialpinzette enthalten sein. Mit der können Sie zur Not ganz einfach Zecken entfernen, wenn Ihr Vierbeiner doch mal gestochen wurde. Solche Pinzetten bekommen Sie in Apotheken.

Reiseapotheke

Auch sollten Sie an Verletzungen denken, die sich Ihr Hund während des Urlaubs zuziehen kann. Etwa, wenn er von einer Katze gebissen wurde, sich die Pfote an einer Glasscherbe aufgeschnitten hat oder in etwas Stacheliges getreten ist oder dergleichen. Desinfizierungsmittel in die Reiseapotheke, etwas Verbandszeug und Pflaster. Es gibt ja für Tierpfoten das praktische Krepppflaster, für das man keinen

Klebestreifen mehr braucht. Tierarzt fragen und in die Reiseapotheke.

Tierarzt vor Ort rechtzeitig festlegen

Für alle Fälle sollten Sie zur Not den nächsten Tierarzt vor Ort parat haben. Erkundigen Sie sich also schon vor Antritt der Reise nach dem nächsten Veterinär oder der nächsten Tierklinik. Das spart im Notfall wertvolle Minuten, etwa wenn Ihr Hund von einer Schlange gebissen wurde. Die Informationen können Ihnen das ausgewählte Hotel, die Pension, die Ferienanlage oder der Veranstalter geben.

Ferienhäuser für Urlaub mit Hund

Immer mehr Ferienhäuser und Hotels bieten inzwischen „Urlaub mit Hund" an. Manche offerieren sogar Pauschalangebote. Auch in Reisekatalogen finden sich entsprechende Offerten. Die Hundehalter ins Pauschalangebot mit einzubeziehen, hat sich als eine Marktlücke erwiesen. Seitdem reisen auch Herrchen und Frauchen nicht mehr nur individuell. Sie lassen sich ebenso bequem bedienen wie der Pauschaltourist ohne Vierbeiner.

Unterhaltung und Gourmetmenüs

Auch viele Urlaubsherbergen haben sich auf den Trend eingestellt. So finden sich Unterhaltungsangebote für Hunde ebenso wie spezielle Betreuung wie Dogsitting. Hundemenüs für Gourmets sind der letzte Schrei. Wenige ausgewählte Hotels, Pensionen oder Ferienhäuser haben sich gar ganz auf den Urlaub mit Vierbeinern konzentriert. Denn sie wissen ganz genau, dass auch Herrchen und Frauchen mal eine Pause verdient haben oder etwas für sich allein unternehmen wollen.

Hundefreundliche Skigebiete

Auch an Freunde des Wintersports ist gedacht. Es gibt ausgewiesene hundefreundliche Skigebiete. Hier dürfen Hunde sogar mit auf die Skilifte und Berghütten, können im Schnee toben oder sich auf der Alm erholen. Während Herrchen die Pisten unsicher macht, erholt sich Frauchen in der Hütte hoch oben auf dem Gipfel mit dem Hund – oder umgekehrt und abwechselnd. Es gibt auch inzwischen hundefreundliche Loipen, auf denen der Langläufer seinen Vierbeiner mitnehmen darf. Ein Urlaub mit Hund im Schnee erfordert andere Vorbereitungen, etwa ein warmhaltendes oder wasserdichtes Wams.

Urlaub für Singles mit Hund

Und natürlich haben sich Pensionen und Hotels mittlerweile auch auf Singles eingestellt. Vermehrt reisen Einzelpersonen mit Hund und machen Urlaub. Damit auch sie mal etwas allein unternehmen oder sich mit einer Verabredung treffen können, gibt es entsprechende Angebote. Hundgerechte Pensionen, Ferienanlagen und Hotels bieten neben Freilaufwiesen auch Activity-Parcours an.

Aktivitäten und Abmagerungskur

Hier können Sie selbst mit Ihrem Hund aktiv werden oder erfahrene Trainer mit Ihrem Bello üben lassen. Denn manchmal braucht leider auch Ihr geliebter Vierbeiner eine Abmagerungskur. So etwas finden Sie mittlerweile im Angebot solcher

Urlaubsherbergen. Training und gesunde Ernährung für Ihren Anton, Anna und Kira im Urlaub, und Sie relaxen dabei am Pool. Das sind interessante Pauschalen für Urlaub mit Hund. Und es gibt Angebote abseits von touristischen Hochburgen, etwa gemütliche Geheimtipps.

Viele Hundehalter mieten sich zum Beispiel ein Haus in der Bretagne, um zwei oder drei Wochen lang mit ihrem Schäferhund die freie Natur zu erleben. Oder am Strand ungezwungen spazieren zu gehen. Oder sie nutzen das hundefreundliche Angebot im Allgäu und im Bayerischen Wald.

Checkliste für die Urlaubsreise mit dem Hund

- ✓ **Wohin** verreise sich?
- ✓ **Womit** verreise ich? Auto, Zug, Flugzeug, Schiff, Campingwagen?
- ✓ Mit **Auto**: Route, Rastplatz, Pausen, Box/Verankerung, Futter, Wasser, Spielzeug, Decke?
- ✓ Mit dem **Zug**: Zustimmung der Gesellschaft, Ticket, Box, Maulkorb, Platzreservierung, Unterbrechungen, Ausgang, Gassi gehen?

- ✓ Mit dem **Flugzeug**: Box, Frachtraum, Kabine, Zustimmung der Gesellschaft, Konditionen, Check-In, Papiere, Kopien der Zustimmung der Gesellschaft, Masse der Box, Wasser, Futter, Leckerlis, Decke, Spielzeug?
- ✓ Mit dem **Schiff/Fähre**: Zustimmung der Gesellschaft, Konditionen, Box, Maulkorb, Wasser, Futter, Decke, Spielzeug?
- ✓ Mit dem **Campingmobil**: Box, Wasser, Spielzeug, Decke, Rastplätze, Auslauf, Futter?
- ✓ Wie sind **Bedingungen** am Urlaubsort?
- ✓ Wie ist das **Klima** für den Hund?
- ✓ Habe ich die Möglichkeit/**Zustimmung** der veranstaltenden Gesellschaft für **Hotel** oder Pension, Ferienhaus?
- ✓ Habe ich alle erforderlichen **Papiere** zusammen?
- ✓ Sind alle **Impfungen** komplett?
- ✓ Habe ich alle **Medikamente**, Prophylaxen, **Reiseapotheke** für den Hund mit dabei, eventuell Höschen gegen Läufigkeit?

Lassen Sie sich auch mit Hund im Urlaub verwöhnen. Als Hundehalter müssen Sie sich in Ihren Urlaubsplanungen nicht einschränken. Im Gegenteil: Sie laufen offene Türen ein und werden in allen Belangen unterstützt. Die Urlaubsreise mit Hund erfordert nur eine besondere Vorbereitung. Sie müssen sich etwas Zeit nehmen und Ihre ganz persönliche Checkliste abhaken.

Dann wird auch der Urlaub mit Ihrem Vierbeiner ein Vergnügen. Denn auch er braucht Urlaub genauso wie sie. Urlaub mit Hund ist heutzutage so normal wie Kaffee mit Milch. Sie gehen einfach ins Reisebüro und buchen eines der attraktiven Pauschalangebote. Vorbei sind die Zeiten, wo Sie sich individuell durchquälen mussten. Auch als Hundehalter können Sie sich heute im Urlaub bedienen und verwöhnen lassen.

Schönen Urlaub mit Hund!

Notizen

Impressum